LE TIERS PARTI

SAINT-GERMAIN. — TYPOGRAPHIE DE L. TOINON ET Ce

80, RUE DE PARIS, 80

LE

TIERS PARTI

PAR

E. LAMY

AVOCAT A LA COUR IMPÉRIALE

PARIS
LIBRAIRIE INTERNATIONALE
15, BOULEVARD MONTMARTRE

A. LACROIX, VERBOECKHOVEN & Ce, ÉDITEURS
A Bruxelles, à Leipzig et à Livourne

1868

LE TIERS PARTI

Quand un coup d'État sanctionné par le peuple eut fondé le second Empire, le résultat fut autrement vaste que l'élévation d'une monarchie sur les ruines d'une république. A toute révolution, le pouvoir change de forme : à celle-ci, l'autorité changea de base.

Depuis 1789 l'autorité résidait dans la nation; celle-ci la remettait en dépôt à des députés, par eux proposait et faisait ses lois, étendait ou restreignait ses libertés, dirigeait sa politique. Le chef de l'État exécutait cette volonté sans y substituer la sienne. Lorsqu'il l'avait essayé, la France, brisant le mandataire, avait conservé son droit. En 1852, elle l'aliène : le suffrage ne devient universel que pour proclamer une abdication sans réserves : désormais un homme seul décide de la paix, seul de la guerre, seul signe les traités, seul propose les lois, seul gouverne : il a reçu mandat du peuple d'agir sans la volonté, malgré la volonté de ce peuple.

I

D'où vient ce changement? C'est une consolation passée en habitude de dire qu'il eut pour unique fondement la force il est plus digne de la vérité et de la responsabilité publique de reconnaître que la force désigna le maître, mais que l'opinion le voulut. Pour la seconde fois, depuis moins d'un siècle, la France désespérait de la liberté : pour la seconde fois, une république appelait un Bonaparte, et quoique l'abdication d'un peuple ne puisse jamais être légitime, elle fut certes plus explicable au 2 décembre qu'au 18 brumaire.

La première république, fondée depuis sept ans, grandie par la nécessité d'être invincible pour être, avait affirmé, en triomphant de l'Europe entière, et surtout de ses propres excès, une indestructible vitalité. Ces excès mêmes n'avaient eu pour mobile que la passion politique, et, aux jours où ils dressaient sur la France les échafauds, la confiscation et la terreur, n'avaient jamais menacé dans leur principe ni la propriété, ni la famille, ni l'ordre social. Et c'est au moment où ils se sont apaisés devant les lois renaissantes, comme les coalitions devant nos armes, que la France, ne pouvant être vaincue par d'autres, tombe sous sa propre volonté. Elle s'étend dans la servitude comme dans un repos : aussi, la veut-elle digne d'elle : des prétendants, elle choisit le plus illustre : général, politique, organisateur tout ensemble; et par lui revêtue de gloire, trouve le linceul assez beau pour y ensevelir sa liberté.

La seconde république, sortie de la division des partis monarchiques, était conduite par des républicains divisés. Sous ce gouvernement honnête mais faible, ce n'est pas assez que renaisse le trouble politique ; l'esprit d'examen, et ce sera devant l'histoire le caractère de 1848, aborde les questions sociales : une école diverse dans ses systèmes, une dans ses erreurs, aspire à organiser la société sur la ruine du mariage, la richesse publique sur la négation de la propriété, l'État sur l'annulation du citoyen. Derrière ces novateurs se groupent les utopistes épris de l'égalité, les malheureux aspirant à une part de richesse, les âmes avides d'abolir avec la morale la responsabilité, enfin cette foule d'hommes déclassés dans un ordre régulier, que toute innovation a pour clients, parce que, n'ayant rien à perdre, ils ont tout à gagner. Grâce à la liberté commune, ce parti se répand par la presse, s'affirme par les clubs, bientôt veut s'imposer par la force, et la France voit pour la première fois des factions pour lesquelles le pillage est une doctrine et l'anarchie un drapeau. Ces audaces sanglantes la troublent. Au milieu des incertitudes qui accompagnent tout pouvoir nouveau, elle croit voir des luttes incessantes, les masses fanatisées, et la civilisation suspendue au sort d'un combat. Sans doute, ces désordres, par cela même qu'ils étaient un effroi public, n'étaient pas un péril public. Seuls menacent les États ceux qu'une longue corruption a tournés en habitude, et qui trouvant, au jour où leur scandale s'affirme, les âmes assoupies ou complices, trouvent les bras désarmés quand ils prétendent se réaliser. Lors au contraire que le nom seul de ces doctrines tient le pays en défiance, lorsque les voix les plus illustres s'élèvent pour les combattre, ne rien restreindre de la liberté, c'est assurer à l'erreur la seule défaite qui la détruise, la défaite devant la raison publique, et si, désespérant de cette lutte, elle appelle l'émeute, contre elle tout un peuple convaincu est debout. Mais le propre de la peur est de ne mesurer ni le mal ni le remède. Affolée, se croyant perdue si l'erreur se peut propager, la France se jette dans le silence que lui promet un homme. Ce n'est plus cette fois un grand capitaine, ce n'est plus un profond politique; c'est un homme duquel deux conspirations avortées font augurer qu'il aime le pouvoir, et dont le nom garantit que ce pouvoir sera vigoureux.

II

Il commence par la dictature. Par décret il décide que les hommes suspects pourront sans jugement être bannis du territoire ; par décret il supprime le droit de réunion, par décret il règle que nul journal ne peut paraître sans l'agrément du pouvoir, et vivre si cette autorisation ne lui est maintenue ; par décret il fixe le nombre des députés qu'aura la France, leur mode d'élection, leurs droits. Puis après trois mois, maître des votes, de la pensée, des existences, il convie le pays à se donner des lois.

Alors fut nommée la Chambre qui siége aujourd'hui presque entière au Corps législatif. Les hommes qui la composent, divers d'origine et d'opinions, sont unis par un sentiment. Ce n'est ni le patriotisme, bien qu'ils aiment leur pays, ni l'honnêteté, bien qu'ils soient probes, c'est l'étonnement de s'être sauvés vifs de la liberté. Chacun d'eux est certain qu'entraînée aux abîmes, la France a été arrêtée sur la pente par un homme, et que, seul, cet homme l'y tient suspendue. Leur peur leur a fait foi de leurs périls ; elle y a survécu, ils la mettent en commun, la Chambre est faite. De là son dévouement à l'Empire. Elle l'aime, comme le naufragé son épave, et son unique préoccupation est de le conserver puisqu'il est, et, pour plus de sûreté, tel qu'il est. Du reste elle le prise pour lui-même, et elle a reconnu son âme dans un régime qui s'inaugure par le silence ; elle approuve qu'on ait supprimé, avec le droit d'écrire, l'anarchie de la pensée ; avec le droit de réunion, le désordre de la rue ; avec le gouvernement des Chambres, les révolutions.

Plus elle tient au présent, plus elle craint pour lui ; elle souhaite que le pays ne le critique pas, ne le discute pas, ne l'examine pas, n'y pense pas ; et elle aspire désormais à l'immobilité. L'amélioration même lui est péril parce qu'elle est changement, et que changement peut entraîner chute. Sa logique crée des liens invisibles entre les plus minces réformes et la stabilité de l'Empire : elle les peut juger utiles, mais elle s'abstient toujours, par prudence. Arguments, évidence, rien n'y fera ; cette conduite est son dogme, et la foi n'a pas besoin de raisons. Mais cette foi, le gouvernement en dispose, et la Chambre est aussi incapable de lui rien refuser que de rien accorder à tout autre. Qu'il lui demande ce qu'elle a rejeté la veille, elle votera ; qu'il lui soumette des projets ruineux pour l'industrie, elle votera ; qu'il se lance dans des guerres sans issue, elle votera ; qu'il donne la liberté, elle votera. Ce n'est pas qu'il la convainque ; ce n'est pas qu'elle ait un médiocre souci de ses votes, mais elle ne se reconnaît pas le droit d'avoir raison contre lui. Dans ces dépenses, dans ces guerres, dans ces émancipations, elle, économe, pacifique, réactionnaire, elle s'ingénie à voir de l'équité, de l'utilité ; si elle n'y parvient pas, elle y voit de la politique. Ou le gouvernement sert les vrais intérêts du pays, et alors on serait coupable de l'entraver ; ou il s'égare, et plus que jamais on doit le soutenir. Dans les deux cas un dissentiment serait pour la monarchie une faiblesse ; pour ses ennemis un triomphe. Quelles pourraient être les suites ? A cette pensée, elle sent le vide sous ses pieds, et le salut public la tient enlacée au pouvoir. Elle lui sacrifie ses intérêts et ne se plaint pas ; elle lui sacrifie ses convictions et s'en honore. C'est ainsi que l'Assemblée d'un grand pays peut avec indépendance accorder tout ce que demande le pouvoir, par conviction ne lui conseiller que ce qu'il a résolu, et sans servilité s'asservir.

III

De 1852 à 1857, elle trouva satisfaction. Le gouvernement avait « maintenu l'ordre » et occupé les esprits d'une grande guerre, suivie d'un traité glorieux. La Chambre votait les lois sans y pouvoir rien changer, les dépenses par ministère ; l'opinion avait pour se satisfaire un compte rendu publié trois jours après et à la troisième personne. Les séances étaient de quelques instants, le compte rendu de quelques lignes, et le pays ne songeait pas plus à contrôler ses élus que ceux-ci le pouvoir.

En 1857, le mandat de l'Assemblée expire ; elle est réélue tout entière, mais il entre dans la Chambre cinq hommes nouveaux.

Vaincus du 2 décembre, ils ont, après cinq ans de silence,

compris que la seule protestation permise à un parti, c'est la lutte, et ils viennent proclamer devant les hommes de l'ordre les droits oubliés de la liberté. La première fois que cette protestation retentit contre la loi de sûreté générale, la Chambre fut troublée comme si un grand péril menaçait de renaître; puis voyant que l'erreur avait si peu de néophytes, elle se promit de l'étouffer sous le silence de ses votes.

Tout à coup l'Empereur décréta, le 24 novembre 1860, qu'un ministre serait chargé de défendre désormais sa politique devant les Chambres, que celles-ci l'apprécieraient chaque année par leur Adresse, et que les séances des Assemblées seraient publiées *in extenso* le lendemain.

Cette mesure était une généreuse inconséquence. Huit ans d'un règne prospère, une grande activité industrielle, une grande nonchalance politique dans le pays; au dehors, deux guerres terminées par la victoire et suivies d'un grand prestige avaient déterminé le souverain. Il est une heure où il ne messied pas aux plus absolus d'être discutés, c'est l'heure où ils se croient assez glorieux pour que le contrôle soit une louange, et assez forts pour qu'il ne devienne pas un danger. La Chambre, attachée au système de 1852, sentit que l'innovation était contradictoire. Elle jugea que, si le gouvernement était seul maître de la politique, il était inutile de la soumettre aux Assemblées, et que, si le pays avait abandonné la conduite de ses affaires, il était imprudent de les lui faire juger chaque jour. Mais exprimer cette pensée, c'eût été se mettre en désaccord avec le pouvoir, et, même pour le fortifier, elle ne s'y pouvait résoudre. La Chambre usa donc de l'Adresse pour remercier du décret.

IV

Les cinq y gagnaient la France pour public; mais l'auditoire était endormi. Ils résolurent de l'éveiller au nom de ses droits, de les lui répéter sans relâche, de les lui faire vouloir. De ce jour, leur opposition prend un double caractère. Comme ils ne parlent pas pour la Chambre, ils traitent le présent sans ménagement; comme ils n'ont pas à appliquer leurs idées, mais à les répandre, ils établissent des thèses absolues. Pour eux, rien de vrai en théorie qui ne soit bon en pratique, pas de salut public qui autorise à l'ajourner. A la compression de la presse ils opposent le droit sans limite de penser, à l'interdiction des assemblées publiques le droit absolu de se réunir, aux candidatures officielles l'illégitimité de toute ingérence, au pouvoir personnel la souveraineté de la nation. L'Adresse devient chaque année dans leur bouche un programme de constitution : descendus de ces hauteurs, ils s'emparent des lois, des contingents, des budgets, et de tout font une arme contre l'absolutisme; pas une erreur n'est si infime, et le mécanisme politique ne produit pas un abus si discret qu'ils ne lui infligent leur implacable publicité. Ils cherchent le mal, le dévoilent, le condamnent, en triomphent. Le bien même leur est occasion d'attaque, ils se plaignent qu'on le fasse sans consulter le pays, et en flétrissent l'arbitraire. Amers, violents, passionnés, intraitables, ils attirent l'attention qui toujours se plaît aux audaces, la retiennent par la simplicité de leurs vues, la captivent par la générosité de leurs espérances, et, en exagérant la servitude de la France, ils lui font désirer la liberté. Quand, leur mandat expiré, ils abandonnent la tribune, la France pense sur ses affaires, non pas toujours comme eux, mais elle pense. Combien d'années a-t-il fallu pour rendre au pays son âme? Trois. Combien d'hommes? Cinq [1].

V

Les élections de 1863 furent leur œuvre. La majorité revint, parce qu'elle exprimait encore l'opinion d'une partie du pays, et surtout grâce à la pression des candidatures officielles. Mais

[1] MM. Darimon, Jules Favre, Hénon, Ollivier, Picard.

l'élection fut disputée ; en maints endroits l'opposition recueillit des minorités considérables, enfin dans certaines contrées, et surtout dans les villes, elle l'emporta. Le vote fut l'émancipation d'un peuple qui, se déshabituant de craindre, oubliait d'obéir ; les choix furent non un vœu pour une forme déterminée de gouvernement, mais une protestation contre le régime dictatorial que la France avait accepté. Des scrutins libéraux sortirent et les fidèles de la branche aînée des Bourbons, et ceux qui avaient renversé en 1830 cette vieille monarchie au profit d'une royauté bourgeoise, et ceux qui avaient en 1848 renversé la royauté pour faire place à la démocratie : et quand ils entrèrent dans la Chambre portés par la même opinion, ils ne représentèrent pas la coalition illogique de partis contradictoires ; ils furent, contre un pouvoir sans contrôle, l'union légitime de tous ceux qui, différant sur le mode d'organiser la liberté, étaient d'accord pour la vouloir.

La majorité comptait plus de deux cents membres. Les cinq avaient été portés à dix-sept. A tort ou à raison, ces derniers passaient pour aspirer à la république. Nombre d'électeurs les avaient nommés à cause de cela ; leurs amis n'en semblaient pas douter, eux-mêmes l'avaient déclaré ou le niaient à peine. Bref, cette opinion était générale ; or, en politique, une chose crue est absolument comme si elle était vraie.

VI

De cette croyance naquit le tiers parti. En face de deux opinions affirmant, l'une l'Empire sans la liberté, l'autre la liberté sans l'Empire, c'est-à-dire mettant le pays dans l'alternative d'une minorité perpétuelle ou d'une émancipation violente, une quarantaine d'hommes résolurent d'améliorer sans détruire, et d'affirmer à la fois l'Empire et la liberté. En soi, l'idée était logique. Comment fut-elle exécutée ?

Un homme venait d'entrer à la Chambre, en qui la France saluait depuis 1830 le talent, depuis 1848 le caractère. Homme d'État, historien, orateur, et en tout consommé, d'idées justes, et dans une égale mesure faites de raison et d'expérience; d'une merveilleuse puissance pour les rendre comme vulgaires à force de clarté ; d'une connaissance des hommes qui en avait fait longtemps un dominateur de nos assemblées; d'une autorité qu'il n'empruntait pas à son âge, et quoique blanchi par le temps et des veilles chères à la France, d'une vigueur d'esprit, d'une vivacité de parole à faire croire que la vérité et le droit communiquent, à qui se consacre à les servir, quelque chose de leur immortelle jeunesse, il rentrait dans la vie publique, escorté de plus d'une gloire, et grandi même par ses ennemis qui avaient voulu mettre l'opinion en demeure entre lui et l'Empire. Quinze ans auparavant, quand le coup d'État l'avait arraché de la tribune, il était, en face d'une liberté envahissante et de la société menacée, le chef du parti de l'ordre. Aujourd'hui que la liberté était trop vaincue, il se faisait son serviteur, et, pour avoir soutenu le premier par la seule force de la parole et de l'opinion, il avait acquis le droit de défendre la seconde par les mêmes armes, et l'honneur de suffire à cette double tâche sans briser l'unité de sa vie. Dès son entrée à la Chambre, il examine l'Empire, il y voit une volonté au-dessus de celle du pays ; en fait, elle n'est pas despotique, en droit, elle a tous les moyens de l'être ; elle peut conduire la nation à sa ruine si elle veut, et parfois elle s'est déjà trompée. A ce système, il oppose le gouvernement du pays par lui-même, et prononce sur les libertés nécessaires ce discours dont la France a fait un programme politique.

Pas de gouvernement libre si chaque citoyen n'est pas assuré d'échapper à tout arbitraire : liberté individuelle.

Pas de gouvernement libre si chaque citoyen ne peut exprimer librement sa pensée : liberté de la presse.

Pas de gouvernement libre si le citoyen ne peut se concerter avec ses semblables et prendre des résolutions : liberté de réunion.

Pas de gouvernement libre si, après avoir résolu, il ne peut sans entraves nommer les hommes de son choix : liberté électorale.

Pas de gouvernement libre si cette volonté n'est pas la règle obligatoire des affaires : responsabilité ministérielle.

C'est un régime complet à substituer à un autre ; mais il ajoute : « Je le déclare ici en honnête homme, si on nous donne » cette liberté nécessaire, quant à moi, je l'accepterai, et on » pourra me compter au nombre des citoyens soumis et recon» naissants de l'Empire. »

Rarement un discours excita semblables colères. Non-seulement M. Rouher y opposa cet autre programme : « La supré» matie autrefois revendiquée par la Chambre n'est plus. Le » monarque a été déclaré nettement le premier dans l'État; » mais le surlendemain, le chef de l'État lui-même ne dédaignait pas, en remettant la barette à un cardinal, de répondre à l'ancien ministre de la monarchie de Juillet :

« Notre guide et notre soutien, c'est la foi : la foi religieuse et la foi » politique... Aussi, devez-vous être étonné comme moi de voir à un si » court intervalle des hommes à peine échappés du naufrage, appeler » encore à leur aide le vent et les tempêtes. Dieu protége trop visible» ment la France pour que le génie du mal vienne encore l'agiter. Le » cercle de notre Constitution a été largement tracé, tout homme honnête » peut s'y mouvoir à l'aise, puisque chacun a la faculté d'exprimer sa » pensée, de contrôler les actes du gouvernement, et de prendre sa juste » part dans les affaires publiques. »

Ces paroles étaient insérées dans le *Moniteur* du 15 janvier.

Ainsi, une logique rigoureuse dans la doctrine, une clarté sans réticence dans l'exposition de cette doctrine, tel est le caractère du système de M. Thiers.

Une hostilité absolue à l'égard de ce système, telle est l'attitude du gouvernement.

Mais en somme M. Thiers demande la liberté, désire que l'Empire la donne. N'a-t-il pas formulé le programme ? n'est-il pas le chef naturel du tiers parti? Non. Et cela précisément pour ces deux causes : la netteté du programme, l'opposition du pouvoir.

VII

Les quarante députés qui allaient former le tiers parti représentaient, non une opinion compacte, mais toutes les nuances du libéralisme monarchique, entre le gouvernement personnel et le régime parlementaire. Tous désiraient la liberté de la presse, mais à divers degrés; plusieurs repoussaient le droit de réunion; quelques-uns, candidats officiels, ne pouvaient contester au pouvoir le droit de s'intéresser efficacement aux élections. Enfin, un certain nombre voulaient que le pays pût, sans entraves, parler, se concerter, élire, mais ils ne pensaient pas qu'il pût imposer sa volonté dans les affaires, ou, le pensant, ne voulaient pas soulever la question, ou la soulevant, estimaient que la responsabilité ministérielle et l'irresponsabilité du souverain étaient des fictions trop souvent évanouies pour devenir la loi d'un peuple. A la raison politique se joignaient, chez certains, des vues personnelles. Comme ils songeaient au pays, ils voulaient des réformes; comme ils songeaient à eux-mêmes, ils préféraient celles qui leur pouvaient donner un rôle. Or, perpétuer 1852 était à la fois compromettre l'Empire, et, comme des hommes d'État célèbres semblaient incarnés dans cette date, désespérer de toute influence; demander le gouvernement du pays par lui-même était se livrer aux aventures, ne fût-ce que par les résistances du pouvoir, et préparer sans profit la place aux grandes renommées, seules souveraines sous le régime parlementaire; tempérer par la légalité l'absolutisme, c'était là une amélioration sans périls, c'était assez pour écarter les instruments de la première politique, pas assez pour donner à l'opinion le choix des hommes nouveaux, et le jour où il accepterait la réforme, le Souverain, resté maître, désignerait pour l'accomplir ceux qui l'auraient réclamée. Enfin, l'idée première du parti appartenait au pouvoir. Tant que l'opposition était demeurée républicaine avec les cinq, le gouvernement avait pu refuser toutes réformes comme destructrices de la monarchie; mais du jour où l'opposition monarchique entrait dans la Chambre avec M. Thiers, le prétexte tombait. C'est ce qui n'avait pas échappé au seul homme vraiment politique de l'Empire, le duc de Morny. Il prévoyait dans l'opinion les exigences dont M. Thiers était le précurseur à la tribune : pour légitimer la résistance du pouvoir, il travailla à présenter cette résistance comme imposée par des libéraux même, et voulut dans la Chambre un parti nouveau qui aurait pour prétexte de réclamer la menue monnaie de la liberté, pour but réel de s'opposer à la doctrine parlementaire.

De tout cela sortit un premier groupe. M. Latour du Moulin, homme de l'Empire, directeur de la presse en 1852, candidat officiel en 1863, doué d'un demi-flair politique et d'une active ambition, s'en fit le chef et l'orateur, et en traça le programme :

L'opinion publique et l'intérêt du gouvernement, —que je ne veux pas séparer, — que paraissent-ils réclamer principalement?

Est-ce cette responsabilité ministérielle complète, absolue, exclusive de celle de l'Empereur, c'est-à-dire le rétablissement implicite du régime parlementaire ? Est-ce seulement une responsabilité plus directe des ministres vis-à-vis de nous ?

Est-ce la liberté de la presse ?

Je m'empresse de le déclarer, il ne s'agit pas, dans ma pensée, d'un retour impossible aux anciens errements du régime parlementaire. Le pays a vu, — que l'honorable M. Thiers me permette de le lui dire après M. le ministre d'État, — le pays a vu quelles pouvaient être les conséquences de ce régime, et il ne veut plus de fictions constitutionnelles ; il sait, parce qu'il n'a pas oublié l'histoire, de quel poids l'autorité personnelle du souverain pèse et pèsera toujours dans la destinée des gouvernements parlementaires. Si l'on a oublié 1830 et 1848, nous nous en souvenons !

Mais c'est précisément parce que l'histoire nous a appris ce que valaient les fictions au moment du péril, et combien peu elles protégeaient les souverains qu'elles avaient eu pour but de rendre inattaquables ; c'est, dis-je, parce que tous nous voulons que les apparences ne soient plus en désaccord avec la réalité, qu'il importerait peut-être de donner aux tendances libérales du pays la satisfaction de voir reconnaître, à côté de la responsabilité légitime de l'Empereur, établie par la Constitution, la responsabilité plus explicite des ministres vis-à-vis du Corps législatif. Car, en toutes choses, il existe un juste milieu, et il est quelquefois à craindre que le désir d'éviter un danger ne nous entraîne fatalement vers un autre.

Quel est donc l'article de la Constitution qui s'oppose à ce qu'au lieu de commissaires du gouvernement, privés d'un département ministériel, nous ayons de véritables ministres, commissaires du gouvernement, nous ayons, pour répondre de leurs actes, non pas les avocats des parties, mais les parties elles-mêmes?

Quel inconvénient pourrait-il donc résulter de cette intervention — mais individuelle et non collective — .... de cette participation plus directe à la discussion des lois de ceux qui doivent les appliquer? Je n'ai pas besoin de démontrer que notre action sur les ministres chargés de l'administration étant plus directe, notre contrôle serait plus efficace, notre intervention dans les affaires du pays plus active, sans qu'il en résultât nécessairement un retour à toutes les conséquences du régime dont le dernier mot a été dit le 23 février.

L'Adresse ayant pour but d'édifier l'Empereur sur nos vœux et sur nos véritables sentiments, je ne crois pas outre-passer mon droit en ajoutant que, dans l'intérêt même du gouvernement auquel je suis profondément attaché, il est regrettable de nous voir privés de toute initiative, nous, députés de la nation, nous, qui avons pour mission de représenter les intérêts matériels de la France. Oh! Messieurs, je ne veux, pas plus que la majorité, du droit absolu d'interpellation, dont je reconnais, avec M. le ministre d'État, les inconvénients; je ne réclame pas le retour pur et simple au droit d'amendement tel qu'on le comprenait autrefois. Mais il me semble qu'entre ce qui existe et ce qui existait sous un autre régime, il y a place pour quelque chose de plus pratique et de plus équitable. Le droit d'amendement sagement réglé est, comme la spécialité, en matière de finances, la plus efficace garantie d'un sérieux contrôle.

Il me reste à vous parler de la presse.

Il y a deux manières d'envisager la question : au point de vue du droit, au point de vue du fait. Au point de vue du droit, la presse, je ne le conteste pas, dépend complétement de l'arbitraire administratif....

Voilà le droit. Prenons le fait :

En fait, Messieurs, la situation de la presse, malgré de récentes mesures de rigueur que je regrette, n'est pas celle, n'a jamais été celle qui semblait devoir résulter du décret du 17 février.

Pourquoi, Messieurs, le gouvernement n'a-t-il pas usé plus arbitrairement de son droit? C'est que, d'abord, il n'a jamais mérité les qualifications injustes qui lui ont été, ici même, si souvent prodiguées. Mais c'est aussi parce que ce droit, je le répète, est trop rigoureux, et qu'avec le progrès qu'ont fait nos mœurs politiques et les tendances libérales qui ont peu à peu pénétré partout en France, et dont l'Empereur s'est en Italie déclaré le protecteur, une loi d'exception ne peut plus être appliquée aujourd'hui sans froisser le sentiment public... Pourquoi donc le gouvernement persisterait-il à laisser en désaccord le fait et le droit? Pourquoi garderait-il les apparences de l'arbitraire, puisqu'on ne peut en conserver les bénéfices? Pourquoi autoriser ses adversaires à rappeler ce qu'on disait des journaux du premier Empire? Pourquoi donner à ses amis eux-mêmes la crainte de l'application inopportune de certaines dispositions du décret de 1852? Pourquoi nous permettre de regretter encore que la presse ne soit pas dans le droit commun, qu'il y ait pour elle un régime exceptionnel, qu'elle soit soustraite aux tribunaux?

Messieurs, pour me résumer, je dirai : L'opposition a revendiqué dans ses circulaires, elle revendique par ses discours, par ses amendements, le monopole du contrôle et du libéralisme. Enlevons-lui cet avantage. Par notre attitude franchement libérale, par l'appui résolu que nous donnons à toutes les réformes utiles, à tous les véritables progrès, secondés par le sens public, faisons disparaître aux yeux de tous le prestige de l'opposition systématique.

Ainsi, pour l'opinion, la faculté de se produire par une presse libre; pour la Chambre, la faculté de voter mieux la dépense, par la spécialité des budgets, de mieux connaître la pensée du gouvernement par la présence des ministres, de le conseiller même par des interpellations; voilà ce que demande ce groupe d'hommes. Mais, sauf ces points, ils entendent maintenir ce qui existe, affirment la responsabilité impériale, condamnent le régime parlementaire. Tel est leur programme, ils y demandent tout ce qu'ils veulent, et ne veulent que ce qu'ils demandent : ce sont les constitutionnels du tiers parti.

VIII

A côté d'eux, d'autres pensaient au contraire que le gouvernement par un homme doit faire place au gouvernement par le pays, et estimaient que la seule forme d'un tel gouvernement sous la monarchie est le régime parlementaire [1]. Mais ils sentaient que demander ce régime était déposséder le souverain, et comme il se montrait jaloux de sa prérogative, rompre avec lui. Leur prudence s'effraya : trop faibles pour rien imposer par le nombre à ce pouvoir irrité et à la Chambre par suite hostile, ils allaient consumer toute leur législature en une vaine ostentation de principes. L'occasion s'offrait en taisant des espérances malsonnantes de se rallier à des réformes utiles. Ne valait-il pas mieux obtenir quelque chose en demandant peu que de se faire tout refuser en demandant trop? Au reste, ils sauraient tourner leur humilité et le programme même des constitutionnels au triomphe du régime parlementaire. Les constitutionnels appelaient les ministres à la Chambre :

[1] Cette opinion avait eu pour précurseurs à la Chambre dès 1861 le vicomte Lemercier, le marquis de Pierre et M. Léopold Javal. Le 14 mars 1861, le marquis de Pierre, apprenant le décret du 24 novembre 1860, avait dit :

« Il m'est impossible de prendre au sérieux les conditions dans lesquelles on nous » donne la liberté. Jamais il ne m'arrivera ici de discuter les actes du souverain parce » qu'il me faut des ministres qui soient devant nous responsables. (Bruit.) Jusqu'à pré- » sent, je n'avais pas compris la sagesse de ces fictions constitutionnelles. Les ministres » auraient dû prévoir cette situation violente. »

Le 19 mars 1862, M. Léopold Javal ajoutait :

« J'aimerais à voir exprimer les vœux suivants qui sont dans le sentiment du pays, » j'en suis convaincu : d'abord la nomination des maires des communes par le suffrage » de leurs concitoyens (Réclamations), c'est-à-dire parmi les conseils municipaux.

» L'exécution sévère du décret qui punit les atteintes à la liberté des élections et qui » porte la peine au double si le coupable est un fonctionnaire public.

» La révision du décret sur la presse. (Exclamations.)

» Enfin la responsabilité solidaire des ministres. » (Nouvelles et plus bruyantes exclamations.)

Mais en 1864, MM. Lemercier et de Pierre avaient quitté la Chambre; M. Javal, demeuré le plus audacieux des nouveaux parlementaires, votait avec la même indépendance mais ne parlait plus, et leur doctrine allait perdre en vigueur plus qu'elle ne gagnait en partisans.

or, ceux-ci présents, leur responsabilité s'établirait par le fait, et une fois reconnue, entraînerait l'irresponsabilité du chef de l'État. Mais pour amener le gouvernement à ce point, l'essentiel était de lui dissimuler l'importance de la réforme, de s'unir à des amis éprouvés de l'Empire, d'affirmer la Constitution et de glisser la liberté dans le sommeil de l'absolutisme. Tel fut le second groupe, qu'on pourrait appeler celui des diplomates, dont les plus remarquables sont MM. de Talhouët, Martel, de Tillancourt, Lambrecht, Chevandier de Valdrome, et dont la personnification est M. Buffet.

Dans ses opinions rien d'absolu; presque toutes sont un compromis entre une idée et une expérience, et sa conduite un compromis entre sa conviction et les événements. Aussi incapable de renier celle-là que de se heurter à ceux-ci, il s'y plie, mais pour les faire servir à son dessein, au moment où il semble l'abandonner. Fin, délié, rusé même, et cela par nature autant que par nécessité, il se glisse entre les partis, et, dans les plus opposés, cherche des alliés et les trouve : habile à gagner les hommes par les idées qu'il montre, par celles qu'il laisse soupçonner, par celles qu'il cache, par l'art d'arrêter sa logique là où s'arrêtent leurs convenances, il ne les convainc pas, mais leur fait croire qu'il est avec eux et les conduit à force d'abdications. Aussi excelle-t-il dans les entretiens et les conquêtes individuelles; mais il sait user de la tribune. Beaucoup y ont un plus grand souffle : nul ne le mesure, ne le dirige si bien. S'il expose pleinement son avis, c'est toujours une idée honnête qu'il émet, avec des faits pour arguments et un moyen terme pour conclusion. Mais il est surtout remarquable quand il trace devant une Chambre qui voudrait le surprendre, et avec des alliés qui ne le devinent pas, son chemin couvert aux institutions défendues. Il demande une réforme modeste, la justifie par des motifs secondaires, en montre toutes les conséquences, sauf la grande; bien plus, aborde de front comme une objection celle-là même, la nie, la réfute, ne laisse contre lui d'autre preuve que la grandeur de ses efforts pour prouver qu'il ne demande rien. Enfin, il est le plus accompli de ces hommes aussi soucieux de dissimuler que de réussir, et qui marchent à leur but en le niant.

IX

En résumé, le désir de faire nombre, pour cela le besoin d'accommoder un seul programme à des libéralismes divers, par suite la nécessité de n'y formuler que les opinions les plus timides; le dessein de se concilier la Chambre par cette réserve; le ferme propos d'agréer au prince; l'espoir d'inspirer de promptes réformes; pour quelques-uns, la satisfaction d'être chefs de parti; enfin ce mouvement naturel qui porte les hommes à ne guère accepter une opinion sans y changer quelque chose pour se la rendre personnelle, et la bonne foi relative qui leur fait croire meilleure celle où ils se trouvent le mieux; tout cela écarta les nouveaux venus de la doctrine de M. Thiers, et forma un autre parti qui crut rendre les libertés pratiques en les demandant incomplètes.

X

Dès 1864 le parti se forme, et son programme étroit est tracé du moins avec une certaine résolution.

La loi de sûreté générale, peu appliquée mais existante, permettait au gouvernement de déporter par mesure administrative les citoyens ; le tiers parti s'unit à la gauche pour proclamer que cette loi détruit la liberté individuelle, et les plus audacieux en votent l'abrogation.

Il veut que, libre de sa personne, le citoyen le soit de sa pensée, et émet le vœu que « dans la législation sur la presse, la garantie du droit commun soit substituée au régime administratif. »

Il veut que cette pensée se sanctionne par des votes sans entraves, et déclare que « le suffrage universel est la base de notre édifice politique; » qu' « assurer la régularité et la sincérité de son application c'est accroître la force des pouvoirs publics. L'expérience a prouvé que la loi électorale laisse à désirer des garanties plus complètes et des dispositions mieux définies. »

Il veut enfin que cette volonté du peuple devienne la loi au moins dans la vie communale : comme il voit dans de grandes villes les municipalités nommées par le pouvoir, il proclame que « les conseillers municipaux, mandataires de leurs concitoyens, ne doivent provenir que de l'élection; » comme il voit le pouvoir prendre des maires hors des municipalités, il rappelle que « le maire, représentant les intérêts communaux, doit être choisi dans le conseil municipal. »

Là s'arrêtent le programme officiel du tiers parti, et dans le tiers parti les vœux d'un certain nombre. Mais chez d'autres se trahit le dessein de rendre la nation maîtresse des affaires. De ce dessein pas un mot, on le nie en théorie, on condamne le régime parlementaire, mais on y aspire en pratique : pas dans les questions intérieures; mais dans la politique extérieure où la contradiction semblant inspirée non par l'ambition, mais par le patriotisme, éveille moins de défiance chez le pouvoir. C'est là que se vont révéler les aspirations des diplomates.

A ce moment deux questions intéressaient la France au dehors : celle de la Baltique; celle du Mexique. La première commençait. L'Allemagne, dont l'unité italienne venait de rajeunir les aspirations séculaires, avait accueilli les plaintes du Schlesvig et du Holstein, duchés de population en majorité allemande et mécontents d'appartenir au Danemark. Comme le Holstein faisait partie de la Confédération germanique, et qu'en cas de trouble dans un État fédéral, la Confédération avait droit de l'occuper militairement, l'Allemagne avait saisi le prétexte, et les Danois s'étaient retirés sur la frontière du Schlesvig, où la Confédération était sans droit. Celle-ci pourtant avait exhumé des chartes du moyen âge un souverain allemand des deux duchés, le duc d'Augustenbourg : c'est à ce moment que l'Autriche et la Prusse prenant en main la cause allemande avaient envoyé dans le Schlesvig 80,000 hommes triompher de 15,000 Danois. L'Europe avait obtenu une suspension d'armes et s'était convoquée à Londres pour régler le différend. Mais il n'était guère possible de prévoir déjà ce que cette question deviendrait : le tiers parti ne la traita pas.

L'affaire du Mexique, au contraire, depuis deux ans engagée, avait, après l'échec de Puebla, tourné à l'honneur de nos troupes et du parti monarchique. Entré à Mexico dans les bagages de notre armée, celui-ci avait voté la couronne à l'archiduc Maximilien; le prince, au commencement de 1864, était à Paris, prêt à partir.

L'instant était décisif. C'est alors que M. Thiers prit la parole. Il prouva, par l'histoire, la difficulté de fonder en ce pays un gouvernement, et, par les résistances que nous avions essuyées, l'impopularité de la monarchie : il établit, qu'eût-il l'organisation, les lois, il lui manquerait pour être un gouvernement régulier la richesse, et prouva que ces ressources, dont le superflu devait payer nos dépenses et notre gloire, se soldaient par un déficit : il dit que, si nous portions un prince sur ce trône sans assises, nous étions forcés de l'y soutenir, que dans cette longue aventure nous épuiserions nos soldats, nos trésors, peut-être la patience des États-Unis, et il conjura la Chambre d'arrêter par un vote le prince Maximilien, et de n'user de la victoire au Mexique que pour traiter et partir. Par ce discours l'opinion publique, l'opinion de la Chambre tout entière avait parlé; la majorité et une partie des constitutionnels ne voulurent pas cependant enchaîner le pouvoir par leur vote; mais au lendemain du jour où le tiers parti avait condamné le gouvernement par la Chambre, les diplomates s'unissaient à l'opposition et 47 voix indiquaient une politique contraire à la politique du gouvernement.

XI

Tant qu'on n'a pas reçu de leçons des événements, on n'accepte guère de conseils des hommes. L'Empire à qui la fortune et la France avaient été jusqu'à ce jour également soumises, l'Empire, comme tous les maîtres heureux, appelait concours l'obéissance. Il s'irrita d'un dévouement qui s'inspirait de soi; vit dans ces doctrines leur conclusion logique, soupçonna peut-être les habiletés secrètes, et repoussa tout impitoyablement. A la veille du jour où la loi de sûreté générale, votée pour cinq ans, allait expirer d'elle-même, il se refusa la facile clémence de l'abolir; il affirma son pouvoir de diriger les votes en France par les candidatures officielles, et de les méconnaître dans la formation des municipalités; il proclama le décret du 17 février 1852, loi définitive de la presse; refusant même aux innovateurs qualité pour émettre des vœux. « Restons, leur répondit-il, chacun dans notre droit, vous en éclairant et en contrôlant la marche du gouvernement; moi en prenant l'initiative de tout ce qui est utile à la grandeur et à la prospérité de la France[1]. » Et pour bien établir son droit, continuant l'expédition du Mexique, il montra que sa souveraineté ne reculait pas devant la volonté publique; liant la France aux destinées de l'empereur Maximilien, il montra que sa souveraineté ne reculait pas devant les aventures; dans le nord de l'Europe, après avoir proclamé que les duchés devaient librement choisir leur nationalité, laissant la violence les conquérir et la violence les conserver, il montra que sa souveraineté ne reculait pas devant la contradiction; dans le midi de l'Europe, offrant par la convention du 15 septembre à la révolution le moyen de prendre Rome sans lui permettre de le faire, il montra que sa souveraineté ne reculait pas devant l'impossible.

Cette résistance absolue semblait commander au tiers parti

[1] Discours de l'Empereur en réponse à l'Adresse du Corps législatif, 2 février 1864.

une attitude vigoureuse ; mais il avait trop de prudence pour se permettre tant de logique. Tenant à se concilier le pouvoir, plus ému de l'irritation que des refus de celui-ci, il résolut de demander d'autant moins qu'on lui refusait davantage. Ce sentiment se manifeste avec évidence dans le second discours-programme prononcé par M. Latour du Moulin au commencement de 1865.

De la politique extérieure, il ne parle pas. « Car, à mon sens, » moins nous agiterons les esprits déjà trop surexcités, mieux » nous servirons les intérêts de notre pays. » A l'intérieur, rappelant que le discours du trône demande le ferme maintien des bases de la Constitution, « l'Empereur a grandement raison : la Constitution en elle-même offre les plus réelles garanties tout à la fois de contrôle, de sage liberté et de stabilité ; l'esprit de parti seul peut le contester. » Aussi tient-il à rassurer le pouvoir sur la partie des réformes demandées en 1864.

Puis les énumérant en quelques mots, et voulant chasser ce fantôme de prépondérance parlementaire qui a mis le pouvoir en défiance :

« La question de la liberté de la presse, et celle de la responsabilité » ministérielle, quelque considérables qu'elles soient, n'ont pour nous, » et j'ajoute pour le pays, qu'une importance secondaire. Ce qui doit » nous importer le plus, ce qui préoccupe avant tout le pays, qui n'y » croit pas assez, c'est la réalité de notre action législative, c'est l'efficacité de notre contrôle financier. »

Amender les lois, voter le budget avec plus de détail, voilà le nécessaire.

Cette politique d'abdication est nettement observée par le tiers parti. Il renouvelle son vœu pour un régime légal de la presse (1er avril, 63 voix) ; mais il laisse l'opposition demander seule la liberté électorale, et, se divisant d'après leur courage, la plupart votent contre la proposition, les plus hardis s'abstiennent (2 avril) ; il ne proteste plus contre les municipalités non élues de Lyon et de Paris; il ose encore demander « que les maires soient choisis dans les conseils municipaux; mais que la majorité propose d'ajouter « autant que possible, » détruisant ainsi le vœu auquel elle semble se joindre, il accepte (8 avril); la spécialité même du vote en matière de finances, il s'abstient de la voter. De même pour la politique extérieure. Il demande une réduction sur le contingent; mais il ne renouvelle pas ses conseils non suivis au Mexique, et, sur un amendement qui réclame le rappel de nos troupes, s'abstient. L'Amérique du Nord est victorieuse, l'opposition voudrait saluer « dans cet allié naturel de la France un triomphe qui n'aura » rien coûté à la liberté; » le tiers parti ne vote ni pour ni contre (16 avril). Il se tait sur l'Allemagne. Seule, la convention du 15 septembre le fait sortir de cet effacement. Malgré les voix officielles, il réclame une protection plus efficace pour le saint-siége, mais c'est qu'il n'agite pas une question politique, mais une question religieuse, et que la foi est exclusive de la prudence.

XII

C'est à ce moment que M. Émile Ollivier tenta de la gauche vers le tiers parti son évolution célèbre et mal jugée. L'esprit de polémique aidant, il est devenu pour les uns un homme d'État consommé, pour les autres un traître vulgaire. M. Ollivier ne mit-il pas plutôt une grande bonne foi et une véritable élévation d'âme au service d'illusions?

Au premier abord, le rôle semble trop minime pour un tel homme, surtout d'un tel genre d'esprit. Vigueur de pensée, éclat de parole, promptitude d'intelligence, possession de soi-même, il a tout ce qui fait l'orateur : n'a-t-il pas surtout, grâce à la netteté de ses vues, ce qui fait le politique? Nul n'expose une doctrine d'une façon si ordonnée, ne la prouve avec tant de rigueur, ne la pousse jusqu'à sa limite avec une dialectique si inflexible. Nul surtout ne va si droit à l'idée qu'il combat, ne la dégage mieux des pompes ou des subterfuges où elle se dérobe, et l'étalant à nu, ne la montre aussi pleinement incomplète ou fausse. Cet esprit qui s'inspire de la raison, procède par le raisonnement; il s'y assure, en prend jusqu'à la forme didactique, et la vérité apparaît mieux conquise sous les chaînes visibles de sa logique. Là est sa force; mais là aussi sa faiblesse.

Confiant dans cette raison, il ne demande rien qu'à elle, forme ses idées dans une solitude intérieure, les contrôle par des argumentations, sans souci de pratique ni d'expérience. Si donc l'utopie est une vérité d'intelligence démentie par les faits, il court risque d'y tomber; si certaines questions sont choses de temps et de lieu autant que de principe, il est exposé à ne pas voir juste; si la science du gouvernement est la science de borner en pratique les uns par les autres des droits dont chacun semble absolu en théorie, il ne la peut posséder. Sa logique l'empêche, non de tomber dans l'erreur, mais d'en sortir; parce qu'incapable de se tromper sur une conséquence ou de reculer devant elle, il l'enchaîne indissolublement au principe qu'il a posé axiome et où le raisonnement ne peut rien : aussi toutes ses erreurs sont fondamentales. Il est logique, c'est-à-dire que, vraies ou fausses, ses théories sont toujours absolues; car c'est de la leçon des événements et du contact des hommes que naissent les compromis et la modération, jamais de la lutte des idées. Il est logique, c'est-à-dire que, telle son idée est conçue, telle il la met au jour : il est logique, c'est-à-dire que telle il l'a mise au jour, telle il la veut appliquer : pour un politique de syllogismes, temporiser est une déraison, concéder quelque chose est un mensonge. Il est logique, c'est-à-dire qu'il ignore les hommes; entre eux et lui pas d'alliances, mais similitude, ou guerre; il les indispose par son argumentation hautaine, autoritaire, dominatrice, qui semble déceler un vice de son caractère, alors qu'elle est surtout une affirmation proportionnée à sa certitude; dans ces luttes, songeant à s'irriter des doctrines, il oublie quels hommes les soutiennent, et sans pitié pour les premières, devient sans déférence pour les seconds : enfin, incapable de se plier aux autres, il ne possède pas le secret vulgaire de les entraîner à sa suite, ne s'adressant ni à leurs répugnances, ni à leurs désirs, par où ils s'unissent et se laissent conduire; mais à des principes, par où ils se divisent et résistent le mieux.

Un tel homme était fait pour l'opposition. Là, l'absolu des doctrines à émettre servait le côté brillant du dialecticien; l'absence de toute application à faire cachait la partie insuffisante du politique. Aussi, parmi les cinq, dès 1857, avait-il eu sa place, et avec M. Jules Favre la plus renommée. Dominé par cette idée, que l'activité humaine ne doit pas trouver de contraintes, il était, en matière civile, industrielle, politique, partisan d'une liberté absolue; tout gouvernement avait à ses yeux le devoir de la développer. Mais républicain, parce que la république est la forme du pouvoir qui froisse le moins la logique, il ne pouvait, par cette même logique, mettre la forme du pouvoir au-dessus des principes qu'il avait adoptés, et le pensant ne put le taire. Aussi, lorsque fut rendu le décret du 24 novembre 1860, il se déclara prêt, si l'Empire voulait résolûment la liberté, à prêter son appui à l'Empire.

Le discours fit grand bruit[1]. Comme il contenait adhésion,

1. Dans ce discours, M. Ollivier se déclarait *républicain*. M. de Morny, pour ménager le député auprès de l'Empereur ou le compromettre auprès de son parti, avait fait supprimer le mot au *Moniteur*. Quelques députés réclamèrent. Le président répondit : Considérant que l'orateur avait voulu dire seulement qu'avec des opinions républicaines antérieures, il était cependant tout prêt à se rallier à l'Empire, si le gouvernement persistait dans la voie libérale qu'il indiquait, j'ai cru devoir lui rendre service en supprimant du *Moniteur* sa déclaration. A lui de la rétablir, s'il le veut, ou à la Chambre de l'exiger.

Le même soir, M. Ollivier adressait à M. de Morny la lettre suivante :

« Vendredi, sept heures et demie du soir, 15 mars 1861.

» Monsieur le Président,

» En lisant ce soir dans le compte rendu de la séance les explications bienveillantes » que vous avez données à la Chambre sur la suppression d'une des paroles de mon dis- » cours, je suis frappé de l'interprétation que vous leur donnez, lorsque vous dites bien que conditionnelle, au gouvernement, il séparait absolument M. Ollivier de ses quatre collègues. Néanmoins, comme leurs prétentions en fait de liberté étaient semblables, que le jour paraissait éloigné où le pouvoir y accédant séparerait les hommes d'amélioration des hommes de renversement, qu'enfin l'opposition n'était pas assez forte pour se permettre des divisions, les collègues de M. Ollivier évitèrent une rupture. Mais il fut facile de voir que l'accord, maintenu par discipline en face de la Chambre, n'existait plus dans les âmes. En effet, quand les élections de 1863 eurent grossi l'opposition, M. Ollivier quitta l'ancien parti des cinq, et se plaça dans une situation isolée. Du même jour son rôle fut amoindri.

Ce n'est pas que la France partageât contre lui les animosités de la gauche. Un homme affirmant une politique, demeurant hostile au gouvernement qui refuse d'y souscrire, mais déclarant que, le jour où le pouvoir acceptera la doctrine, il acceptera le pouvoir, fait acte à la fois d'honnêteté et de raison. Son amoindrissement fut dû à une autre cause. Du jour où il admettait l'Empire, il ne lui suffisait plus de proclamer des droits, de condamner des fautes : il devait, voulant améliorer, indiquer la meilleure organisation possible à donner au pouvoir, la conduite la plus sage à tenir en face d'événements divers, c'est-à-dire descendre des questions de théories et de principes où il excellait, aux questions de pratique où son infériorité devait éclater.

Ces problèmes s'imposaient à M. Ollivier. Il acceptait l'Empire sous conditions, quelles étaient ces conditions?

La question fondamentale était de tracer les limites des pouvoirs entre la nation et le souverain. La constitution de 1852

» « que je me rallierais au gouvernement malgré des opinions républicaines antérieures,
» si la politique impériale entrait dans une voie encore plus largement libérale. » J'ai
» simplement dit que « dans ce cas j'admirerais, j'aiderais, et que mon appui serait
» d'autant plus efficace qu'il serait désintéressé..... »

» E. OLLIVIER. »

avait-elle donné une forme légitime à la monarchie? Par où la fallait-il modifier?

Il commença à formuler sa doctrine :

« Toutes les fois qu'un dissentiment existe entre une opposition et un » gouvernement sur la mesure des choses, sur l'opportunité des actes, » eh bien, je le dis hardiment, moi député de l'opposition, il est suppo» sable que c'est le gouvernement qui a raison; car il a, lui, une res» ponsabilité que nous n'avons pas, et qui peut lui faire trouver extrême» ment difficile ce qui peut nous paraître aisé [1]. »

Au moment où il vient demander des réformes, il les frappe lui-même d'impuissance; l'heure est singulière pour reconnaître le droit absolu du pouvoir. Que vaut la théorie elle-même? Si elle exprime que le gouvernement est la majorité du pays, et que cette majorité a droit de s'opposer aux vœux de l'opposition, c'est-à-dire de la minorité, elle est légitime. Mais M. Ollivier pense bien autre chose :

« Mon idéal n'est point que la Chambre, celle-ci ou toute autre, soit » appelée à ressaisir le gouvernement. Je n'admets pas que les assem» blées aient droit, mission et capacité pour gouverner.

» Elles manquent pour cela de deux conditions essentielles; elles ne » sont pas responsables, elles sont passionnées.

» Discuter et juger, voilà leur véritable rôle, celui dans lequel elles » ne peuvent être remplacées. Je ne désire pas davantage ressusciter dans » ce pays, qui ne l'a jamais comprise, la fiction en vertu de laquelle celui » qui gouverne est inviolable et indiscutable. J'admire, quant à moi, » l'instinct profond de cette nation qui, dans le fait comme dans la lo» gique, a toujours placé la responsabilité là où elle a vu ou supposé » l'action.

» Je désire que le chef de l'État, quelque nom qu'il porte, soit et reste » responsable.

» Le développement que je demande à notre constitution, le perfec» tionnement que j'espère, c'est que la responsabilité naturelle, légitime, » logique, démocratique du chef de l'État, n'exclue pas la responsabilité

[1] *Moniteur* du 4 février 1863.

» logique, nécessaire, utile pour tous, des ministres qui, sous ses ordres, » dirigent les affaires publiques. »

Ainsi un pouvoir exécutif appuyé sur soi-même, vivant de sa propre puissance, gouvernant, et le pouvant faire malgré les assemblées « qui n'ont pour gouverner ni mission ni capacité, » voilà l'organisation rêvée par M. Ollivier. Conception d'une école républicaine, où le chef est un dictateur, cette théorie a son remède dans la responsabilité du dictateur; temporaire, il ne peut opprimer la nation que pendant un délai limité. Mais quand le chef est à toujours, c'est-à-dire irresponsable, un tel système n'est que l'éternité du despotisme. M. Ollivier ne semble pas même soupçonner qu'une théorie admissible en république puisse être mauvaise en royauté.

Non-seulement cette théorie est fausse, elle est contradictoire. « Les assemblées, dit M. Ollivier, n'ont pas mission » pour gouverner : discuter et juger, voilà leur rôle. » Mais de deux choses l'une : ou la discussion et le jugement des assemblées ne deviennent pas une règle de conduite obligatoire pour le gouvernement, et, en ce cas, la discussion et le jugement des assemblées sont inutiles : ou le pouvoir est forcé de conformer sa conduite à ces discussions et à ces jugements, et alors que font les assemblées, si elles ne gouvernent?

Ainsi cet orateur, si maître de sa pensée, si fort de sa raison quand il traitait les droits simples de presse, de réunion, d'élection, se trouble devant les droits complexes dont il faut former un gouvernement. Ne sachant les embrasser à la fois, il flotte des uns aux autres et y promène la confusion. Bannie de ses systèmes, la logique inspire, du moins jusqu'en 1865, sa conduite : séparé de la gauche, puisqu'il ne veut pas détruire le gouvernement, séparé du gouvernement qui ne se veut pas modifier, il travaille à le rendre meilleur et vote contre lui.

Tout à coup, en 1865, il vote l'Adresse.

« Mon vote, dit-il, aura une double signification. A votre égard, mes-
» sieurs de la majorité, ce sera un vote de réciprocité. Vous avez l'an
» dernier, choisi un membre de la minorité comme rapporteur d'une loi
» importante; cette année, vous avez également pris dans cette même
» minorité un de vos secrétaires[1]. En cela vous avez donné un exemple
» de tolérance, de conciliation et de vrai libéralisme. Je tiens à vous mon-
» trer que je n'ai point été insensible à un tel procédé. Je serai heureux
» chaque fois que mes convictions et l'honneur me permettront de mar-
» cher avec vous.

» A l'égard du gouvernement mon vote ne peut être un vote de satis-
» faction entière. Je n'ai pas une autorité suffisante pour dire que c'est
» un vote d'encouragement; je me bornerai à dire que c'est un vote d'es-
» pérance. »

Qu'y avait-il de changé dans la politique impériale depuis l'année précédente? Rien. M. Ollivier, qui avait toujours voté contre l'Adresse, avait donc eu tort jusque-là; ou s'il avait eu raison, avait tort aujourd'hui. Quelque importants qu'eussent pu paraître le choix de M. Ollivier pour rapporteur de la loi sur les coalitions et l'élévation de M. Darimon à la dignité de secrétaire, cela n'indiquait pas une transformation dans le gouvernement, et la courtoisie ne justifiait pas le vote. A partir de ce jour, la défiance professée contre M. Ollivier par la gauche, et jusque-là non ratifiée par l'opinion, devint plus générale. Où les hommes ne voient pas des motifs clairs, ils affirment des ambitions secrètes : disposition funeste parce qu'elle augmente les divisions par le mépris, outrée parce que la cupidité pure dirige rarement une conscience. Le pis de nos faiblesses est qu'elles se voilent presque toujours à nos yeux de motifs légitimes; là aussi est leur excuse.

M. Ollivier avait trop d'honnêteté et trop d'orgueil pour acheter un rôle par une défection. Mais il était aigri par les

1. M. Darimon avait été élu secrétaire. M. Ollivier, rapporteur de la loi sur les coalitions.

injustices de la presse libérale, touché des sympathies de la majorité. M. de Morny avait de longue date essayé de le gagner; dans les dernières relations que son rôle de rapporteur avait liées entre lui et le gouvernement, il est permis de croire qu'on avait adroitement pansé les blessures de cette âme sensible à la louange, et flatté les impatiences de son libéralisme. C'est alors qu'entrevoyant des réformes, craignant de les arrêter, espérant les conduire, M. Ollivier livra à l'Empire un vote comme un otage, en échange d'une émancipation prochaine. Celle-ci, du reste, l'histoire le doit reconnaître, il la demandait aussi complète, aussi fière que jamais, et dans le discours même qui scellait l'alliance, à peine dégagé des combinaisons constitutionnelles, son génie retrouvait la route des vérités premières, et, pour les exprimer, l'éloquence absolue des anciens jours.

Tellement, qu'effrayé de ces dangereuses doctrines, l'organe du tiers parti, M. Latour du Moulin, se hâtait d'en décliner la responsabilité.

« Mon intention ne peut être de suivre mon éloquent collègue, M. Émile » Ollivier, sur le terrain où il a placé la discussion... Je circonscrirai le » débat... pour rester dans cette mesure, dans ce juste milieu pratique... » qu'il n'a pas suffisamment précisé.

» Le progrès, la liberté, ce sont là des mots séduisants que nul esprit » généreux ne saurait entendre sans y applaudir, et ils seront aussi les » derniers de ce discours. Mais la liberté, comme l'entendent certaines » personnes, ne deviendrait-elle pas plutôt la tolérance du mal et l'im- » possibilité d'en empêcher les effets qu'elle ne serait une facilité pour le » bien ?...

» ... Ce n'est ni la liberté telle que la comprend M. Émile Ollivier, ni le » rétablissement implicite du gouvernement parlementaire que je solli- » cite. »

Cependant, étant donnés la situation et l'homme, quelques mois ne devaient pas s'écouler sans que M. Ollivier s'alliât à ce même tiers parti. La solitude finit par lasser les plus fiers courages ; il faut pour la peupler le cortége d'un passé illustre ou le retentissement de la faveur publique, à travers les murmures de l'Assemblée. Renommé, mais jeune, et poursuivant une alliance qui trouvait nombre d'incrédules, M. Ollivier pouvait, à la grande rigueur, attendre, tant qu'il avait voté contre la politique impériale ; mais, après s'y être allié, il n'avait qu'un moyen de se faire absoudre, c'était de la transformer sans délai. Pour cela, il lui fallait un parti ; un lui apparut, qui, attaché à l'Empire, en poursuivait l'amélioration, et entremêlait à ses protestations de dévouement le nom de la liberté. M. Ollivier alla à lui comme un général en quête de soldats : il ne demanda pas le mot d'ordre, mais proclama le sien et transportant ses convictions de la gauche sur un banc du centre, crut avoir changé de parti. Il se trouva entre lui et les constitutionnels ce rapport, que tous deux demandaient la responsabilité du souverain unie à celle des ministres ; du même coup, il affirmait l'opposition entre ses idées et celles des diplomates auxquels il croyait s'unir. Sauf ce semblant d'accord sur une formule, rien de plus extraordinaire que l'alliance de cet homme d'idée avec ces hommes de pratique, de sa logique absolue avec leur bon sens fait d'expérience, de cet audacieux avec ces timides, de cet impatient avec ces temporisateurs, de ce défenseur des droits sans limites avec ces partisans des droits limités.

Mais qu'importe? M. Ollivier ne vit qu'un parti à conduire ; le parti, qu'un grand talent à gagner. Ainsi furent complétées, dès le commencement de 1866, les alliances disparates qui formaient le tiers parti. Il faisait bien de gagner en force ; les événements croissaient en gravité. A l'extérieur, à l'intérieur, 1866 fut, pour lui, l'année capitale.

XIII

Au Mexique, l'impuissance de soutenir le trône de Maximilien était devenue manifeste, et la France ménagée, mais pressée cependant par les États-Unis, était réduite à retirer ses troupes. De cette expédition il ne restait qu'un enseignement payé bien cher.

En Allemagne, les événements s'étaient précipités.

C'est au nom de la Confédération germanique, et pour les droits du duc d'Augustenbourg, que la guerre s'est faite : la Prusse a chassé les troupes fédérales et le prétendant, et reste seule avec l'Autriche sur les duchés. L'iniquité est consommée, tout a été complice des spoliateurs : leur force, la faiblesse de la victime, l'inertie de l'Europe. La justice divine elle-même semble enchaînée par leur fortune ; mais son dessein est de les faire réussir ; c'est leur succès qui commence leur châtiment. L'Autriche, assez loin des duchés pour être juste, les veut donner à l'Allemagne : la Prusse, trop près pour ne pas être intéressée, se les veut donner à elle-même, et chacune, poursuivant son but, heurte l'autre. La division s'envenime, la possession commune devient impossible ; il faut à la Prusse le Schleswig, le Holstein à l'Autriche, et le 14 août 1865 la convention de Gastein trace la limite qui, séparant les adversaires, doit arrêter le conflit. Mais la violence porte en soi une fécondité détestable, et veut achever ce qu'elle a commencé : tandis que l'Autriche laisse les populations libres de leurs vœux, la Prusse, lasse d'une injustice provisoire, affirme par ses légistes que le duc d'Augustenbourg, pour les droits duquel la guerre s'est faite, est sans droits sur les duchés ; que le Danemark en était seul maître et que, par suite de la guerre, le Danemark les ayant cédés à la Prusse et à l'Autriche, celles-ci en sont les légitimes propriétaires. Et elle arme pour imposer à l'Autriche une part dans cette monstrueuse propriété.

En ce moment la paix du monde était entre les mains de la France. Comme elle assurait la victoire à celle des puissances qu'elle aurait soutenue, il lui suffisait d'indiquer son alliée pour que l'autre restât immobile. Le pouvant, elle obéissait au droit si elle empêchait les duchés d'être nationalisés par la force, elle obéissait à son intérêt si elle arrêtait une guerre qui, heureuse pour l'une des puissances, commençait à son profit l'unité de l'Allemagne, et, balancée, coûtait beaucoup de sang et ne résolvait rien.

Dès le 29 août 1865, dans une dépêche, le cabinet français avait adopté cette politique et flétri énergiquement la conduite tenue dans les duchés. Son langage semblait indiquer que la France ne permettrait pas à la convention provisoire de Gastein de devenir définitive : il indiquait surtout que, si une des puissances abandonnait « ces principes d'un autre âge » et « voulait consulter la volonté des populations, » la France serait avec celle-là.

Pourtant, en 1866, l'Autriche rompt avec la Prusse, répudie la violence, veut consulter les populations des duchés, et l'Empereur dit dans le discours du trône :

« A l'égard de l'Allemagne, mon intention est de continuer à observer » une politique de neutralité, qui, sans nous empêcher parfois de nous » affliger ou de nous réjouir, nous laisse cependant étrangers à des ques- » tions où nos intérêts ne sont pas directement engagés. »

A la politique de principe, c'est la politique d'indifférence qui succède [1].

La commission de l'Adresse, pour affirmer sa neutralité, proposait de ne pas répondre à ce paragraphe du discours impérial. M. Thiers, soutenu par la gauche, s'y opposa :

« Je demande à la commission d'examiner... et au Corps législatif de » déclarer que la France n'hésite pas dans sa politique, qu'elle ne spécule » pas sur les divisions de l'Allemagne; mais qu'elle veut fermement le » respect du droit par tout le monde et pour tout le monde. »

Cette proposition était adoptée par le tiers parti, par la

[1] D'où vint ce changement? Aux époques où l'histoire d'un pays est l'histoire de la volonté d'un chef, la place est vaste aux conjectures, plus qu'aux documents : depuis la dépêche du 29 août, le ministre prussien était venu à Biarritz et avait eu, dit-on, des entretiens géographiques sur les provinces rhénanes qui modifièrent les dispositions de l'Empereur.

Chambre même, et un paragraphe, insignifiant dans les termes, important par la pensée qui l'avait dicté, apportait le vœu que le gouvernement, par une déclaration nette, prévînt la guerre[1].

Ce mot ne fut pas prononcé. La Prusse, plus audacieuse, vient chercher une complice jusque dans les bras de la France. Succombant à la tâche de fondre ses nationalités diverses et de combler un abîme financier, l'Italie, comme tous les peuples malades à l'intérieur, était possédée par un besoin d'aventures, et ne pouvant trouver le secret de vivre, songeait à grandir. Rome encore au pape, Venise encore à l'Autriche, lui semblaient rendre son unité stérile, parce qu'elle était incomplète. La Prusse, protestante, avait intérêt à enlever Rome au catholicisme, rivale de l'Autriche, à voir l'Autriche affaiblie. Elle flatta la passion de l'Italie, et moins de deux mois après le vote du 4 mars, l'alliance devenait certaine.

Le 3 mai, à propos de la loi sur le contingent, le ministre d'État, après une déclaration vague qu'il résumait en ces trois mots également vagues : politique pacifique, neutralité loyale, entière liberté d'action, disait :

« Le gouvernement est convaincu qu'il ne saurait aujourd'hui s'ex-
» poser à une discussion sur les affaires d'Allemagne sans s'exposer à
» des inconvénients graves et nombreux. »

Chose étrange, avec la Chambre dont il dispose, il redoute que sa liberté d'action soit enchaînée par la volonté du pays. Mais M. Thiers est encore à la tribune : il n'accepte pas ce silence indigne d'un peuple, et dans un discours, véritable monument élevé à l'éloquence, à la raison et à l'histoire, il montre qu'à la conférence de Londres la France pouvait sauver l'intégrité du Danemark, en s'appuyant sur le traité de 1852, et qu'en invoquant le droit des populations elle a causé la séparation violente entre les duchés et le Danemark ; que la guerre faite, elle pouvait, au nom de ce droit des peuples, et comme garante

[1] *Moniteur* du 4 mars 1866.

de la Confédération germanique, s'opposer à la convention de Gastein, et qu'on l'a laissé conclure comme provisoire ; que le jour où la Prusse l'a voulu rendre définitive, et après la volonté exprimée par la Chambre au 3 mars, le gouvernement devait s'y opposer et que le gouvernement a laissé faire. Puis, abordant la situation présente :

« La neutralité, vous dit-on, est la seule politique qui convienne à la » France. Sans doute, nous admettons la neutralité; n'y a-t-il donc que » la guerre lorsqu'on est la France, pour arrêter une politique dange- » reuse ?

» Quelle conduite faut-il donc tenir vis-à-vis de la puissance qui me- » nace la paix de l'Europe? N'y a-t-il donc aucun moyen de lui faire » comprendre que dans la carrière aventureuse où elle s'engage, elle n'a » qu'à compter sur l'indignation générale et qu'elle ne pourra trouver » aucun complice intéressé pour l'aider dans l'accomplissement de sa » folle tâche? (Très-bien, très-bien sur presque tous les bancs !)

» Messieurs, je vois prendre toutes les formes depuis la plus dure jus- » qu'aux plus douces, et il me semble qu'il n'y en a pas une qui ne puisse » réussir.

» Au fond, quand on veut une chose juste, on peut le dire, et par » exemple, qu'est-ce qu'il y a de plus juste que de dire à la Prusse : « Vous » menacez l'équilibre de l'Europe, vous menacez le repos de tout le monde; » il est connu que c'est vous et point l'Autriche. Eh bien, nous ne le souf- » frirons pas ! »

» Je conviens que c'est la forme dure, je ne la conseille pas à mon pays; » mais enfin croyez-vous que quelqu'un en Europe vous blâmerait ? » (Un grand nombre de voix : Non ! non !)

Puis il indiquait des formes plus douces et il ajoutait :

« Je vais plus loin, j'arrive au silence.

» Je me serais tu, oui, je me serais tu ; mais en me taisant, je me serais » conduit de manière à ne pas laisser une espérance. Pas une seule. J'en » aurais ôté une surtout ; une surtout, j'en suis sûr, est le motif détermi- » nant de celui que j'ai appelé le membre entreprenant de la Prusse.

» Cette espérance la voici :

» Le ministre prussien voit l'Italie entrer dans ses projets, se lier à » lui, accepter de faire campagne commune. Eh bien, consultez le simple » bon sens. Est-ce que le ministre de Prusse peut croire que l'Italie agit » sans votre consentement ?... Pour moi, si j'avais eu l'honneur dont je

» ne me prétends pas digne, de diriger dans ces circonstances les affaires
» de mon pays, je lui aurais ôté cette espérance, et je n'aurais pas souffert,
» je n'aurais pas souffert que l'Italie fût son alliée, et alors il aurait com-
» pris. (Mouvement.)

» Mais, me dit-on, vous voulez donc attenter à l'indépendance de l'I-
» talie.

» Comment, messieurs, on a droit de parler haut à un allié pour lequel
» on a versé le sang de 50,000 Français, pour lequel on a dépensé 400 mil-
» lions, pour lequel vous bravez à Rome une immense révolution reli-
» gieuse; on a le droit de parler haut à cet allié, on a le droit de lui dire :
» J'exige que vous ne compromettiez pas la politique française.

» Et permettez-moi d'ajouter que quand vous vous serez borné à lui
» dire que c'est à ses risques et périls qu'il agit, vous n'aurez point en-
» core assez fait... L'Italie a pris l'habitude, tout en étant blâmée par
» vous, de se conduire comme il lui convient. Il faut lui dire ceci : Non,
» je ne me borne pas à vous garantir les événements et je vous déclare
» que si vous encourez la guerre, vous en supporterez toutes les consé-
» quences, que si l'Autriche veut vous les faire subir, je ne prendrai pas
» les armes pour l'en empêcher.

» En vous faisant comprendre clairement de l'Italie, disait-il en ter-
» minant, vous serez compris de M. de Bismarck, et il serait possible,
» s'il en était temps encore, ce dont malheureusement je doute, qu'on
» apportât quelque secours à la paix. C'est pour cela que je me suis
» levé, et c'est pour cela que je suis venu, malgré mes forces épuisées,
» tenter cette dernière tentative en faveur de la paix, pour le bien de mon
» pays et l'honneur de son gouvernement. » (Nombreuses marques d'ap-
probation; applaudissements sur un grand nombre de bancs. L'orateur
est félicité par un grand nombre de ses collègues.)

L'opposition, sauf une réserve pour les droits de l'Italie à s'agrandir, adhéra à cette politique, et elle constata que « la majorité avait donné à ce discours une adhésion qui aura dans le pays un immense retentissement. » Le tiers parti, par l'organe de M. Emile Ollivier, déclara « ne pas vouloir retarder
» d'un moment le vote qui, rendu par la Chambre après l'é-
» motion manifestée par le discours de l'honorable M. Thiers,
» sera pour le pays et pour l'Europe un acte solennel. »

Et, en effet, ravie à sa timidité originelle, comme virilisée par la grandeur de la situation, la majorité, pour la première fois, avait laissé discuter, malgré la prière du gouvernement et, pour la première fois, par son émotion profonde, ses applaudissements involontaires, elle avait affirmé la politique de M. Thiers. Donc, le 3 mai, la Chambre unanime avait proclamé la volonté du pays.

Le 7, le Souverain lui répond, s'adressant au maire d'Auxerre :

« J'ai envers le département de l'Yonne une dette de reconnaissance à » acquitter. Il a été un des premiers à me donner son suffrage en 1848. » C'est qu'il savait, comme la grande majorité du peuple français, que » ses intérêts étaient les miens, et que je détestais comme lui les traités » de 1815, dont on veut faire aujourd'hui l'unique base de notre poli- » tique extérieure.

» Je vous remercie de vos sentiments. Au milieu de vous je respire à » l'aise, car c'est parmi les populations laborieuses des villes et des cam- » pagnes que je retrouve le vrai génie de la France. »

Puis, pour mieux exprimer sa pensée, il écrit, le 17 juin, au ministre des affaires étrangères :

« Monsieur le ministre.

» Au moment où semblent s'évanouir les espérances de paix... il est » essentiel d'expliquer la conduite que mon gouvernement compte » tenir.

» Devons-nous manifester notre déplaisir, parce que l'Allemagne » trouve les traités de 1815 insuffisants à satisfaire les tendances natio- » nales et à maintenir sa tranquillité?... Nous aurions, en ce qui nous » concerne, désiré pour les États secondaires de la Confédération une » union plus intime, une organisation plus puissante, un rôle plus im- » portant : pour la Prusse, plus d'homogénéité et de force dans le Nord : » pour l'Autriche, le maintien de sa grande position en Allemagne.

» Nous ne pourrions songer à l'extension de nos frontières que si la » carte de l'Europe venait à être modifiée au profit exclusif d'une » puissance, et si les provinces limitrophes demandaient, par des vœux » librement exprimés, leur annexion à la France...

» Dans la lutte qui est sur le point d'éclater, nous n'avons que deux » intérêts : la conservation de l'équilibre européen et le maintien de l'édi- » fice que nous avons contribué à édifier en Italie. Mais pour sauve- » garder ces deux intérêts, la force morale de la France ne suffit-elle » pas? Pour que sa parole soit écoutée sera-t-elle obligée de tirer l'épée?

» Je ne crois pas... Restons donc dans une neutralité attentive... et de-
» meurons confiants dans notre droit et calmes dans notre force. »

C'était la troisième transformation de notre politique; politique de principes jusqu'à la convention de Gastein, d'indifférence pendant le commencement de 1866, elle devenait politique d'intérêt. Mais elle était surtout un complet démenti à la politique de la Chambre. La Chambre avait demandé qu'une déclaration nette arrêtât la guerre : l'Empereur approuve l'Allemagne de briser les traités de 1815. La Chambre voulait que l'Italie fût laissée à elle-même et à tous les hasards possibles des combats : l'Empereur place le maintien de l'Italie sous la protection de la France. La Chambre avait condamné toute idée d'agrandissement, l'Empereur annonçait des annexions, et cet adversaire des traités de 1815 donnait à sa doctrine un étrange démenti, puisque le seul cas où la France ne dût pas réclamer de compensation était celui où, la guerre étant indécise et aucune puissance ne grandissant aux dépens d'une autre, les traités de 1815 seraient respectés; et que, si ces traités étaient détruits par la victoire et l'agrandissement d'un peuple, l'Empereur sentait la France amoindrie et demandait d'avance des compensations.

Aussi le ministre, lisant ce document à la Chambre, déclara-t-il, comme au 3 mai, que « le gouvernement considère qu'un débat contradictoire sur ce sujet serait inopportun et entraînerait de sérieux inconvénients. »

Et la même majorité qui, un mois auparavant, avait acclamé la doctrine contraire, acclame la doctrine nouvelle ; M. Thiers, l'homme de sa politique, lui demande en vain[1] « une minute, » elle vote la clôture et, irritée même contre les téméraires qui osent garder leur avis quand le Souverain a parlé, elle demande le scrutin pour livrer leurs noms à la publicité. Le pays doit en effet connaître les hommes, qui, la volonté du prince

[1] *Moniteur* du 14 juin 1866.

entendue, pensèrent qu'il y en avait une autre à consulter, celle de la France.

Ils furent trente-trois : MM. d'Andelarre, Buffet, Bethmont, le comte de Boigne, Berryer, Carnot, Chevandier de Valdrome, Dorian, Jules Favre, Garnier Pagès, Girot Pouzol, Glais-Bizoin, Goerg, le marquis de Grammont, le comte Hallez Claparède, Hénon, le baron de Janzé, le vicomte Lanjuinais, Lambrecht, Magnin, Malézieux, Marie, duc de Marmier, Martel, Emile Ollivier, Pelletan, Ernest Picard, Piéron-Leroy, Planat, Jules Simon, Thiers, de Tillancourt, de Wendel.

Le tiers parti, surtout les diplomates, avait parmi ces trente-trois, ses hommes les plus marquants : un certain nombre s'abstint de voter : quelques-uns votèrent la clôture.

Courageuse mais vaine protestation. Quelques semaines après la guerre éclatait : une bataille brisait les traités de 1815 et la Confédération germanique et jetait l'Autriche hors de l'Allemagne, portait la Prusse de 19 millions à 30 millions d'habitants, et l'Italie acquérait par deux défaites [1] le complément de son unité.

XIV

Ces événements donnèrent des arguments irréfutables à ceux qui voulaient substituer à la volonté du souverain la volonté du pays. Dès le commencement de 1866, l'opposition avait renouvelé ses plaintes. Pour la troisième fois, et sans que sa logique commît de redites, M. Thiers avait présenté le système parlementaire comme la seule forme possible de la monarchie chez un peuple libre [2]. Le tiers parti sortit de son affaissement pour renouveler le programme de 1864, par la voix de M. Latour du Moulin [3]. Puis, pour donner à ses senti-

[1] Lissa, et Custozza où l'armée italienne montra du reste une grande bravoure.

[2] *Moniteur* du 25 février 1866.

[3] *Moniteur* du 27 février 1866.

ments une manifestation solennelle, il rédigea l'amendement connu sous le nom d'amendement des quarante-deux. C'était une phrase ainsi conçue à ajouter à l'Adresse :

« La stabilité n'a rien d'incompatible avec le sage progrès de nos insti-» tutions. La France, fermement attachée à la dynastie qui lui garantit » l'ordre, ne l'est pas moins à la liberté, qu'elle considère comme né-» cessaire à l'accomplissement de ses destinées. Aussi le Corps législatif » croit-il aujourd'hui être l'interprète du sentiment public en apportant » au pied du trône le vœu que Votre Majesté donne au grand acte de » 1860 les développements qu'il comporte. Une expérience de cinq an-» nées nous paraît en avoir montré la convenance et l'opportunité. La » nation, plus intimement associée par votre libérale initiation à la con-» duite de ses affaires, envisagera l'avenir avec une entière confiance. »

L'homme, grâce auquel quarante-deux signatures se trouvèrent réunies sous cet amendement, fut M. Chevandier de Valdrome. Il déploya une dextérité, un zèle pour le but, un oubli de soi, qui l'auraient désigné comme un chef du parti, si dans le tiers parti quelqu'un eût consenti à être soldat.

L'orateur désigné fut M. Buffet.

L'opposition, qui défendait elle-même un amendement libéral, avait, par la bouche de M. Jules Favre, salué celui des 42 comme un acte rapprochant le tiers parti de la gauche. C'est une alliance compromettante que M. Buffet tient à renier tout d'abord..

« A la fin de notre avant-dernière séance, M. Jules Favre a cherché à » établir une certaine identité entre la pensée des deux amendements.

» Je ne suis pas moins porté que notre honorable collègue à recher-» cher plutôt ce qui peut rapprocher les différentes fractions de cette » Chambre que ce qui les sépare ; mais je ne crois pas faire preuve d'in-» tentions moins conciliantes que celles de notre honorable collègue, en » disant, quand je considère les termes dans lesquels ces deux amende-» ments sont conçus, qu'il m'est absolument impossible d'admettre que » des langages aussi différents soient l'expression d'un même sentiment, » d'une même politique. »

Ce n'est pas la pensée de l'opposition que l'amendement exprime, c'est la pensée de la majorité.

« Nous ne sommes pas en désaccord sur le fond des choses... comme » l'immense majorité, sinon comme l'unanimité de cette Chambre; nous » voulons, nous désirons le sage progrès de nos libertés, de nos institu- » tions, nous ne désirons, nous ne voulons pas autre chose... Mais à une » expression plus nette, plus précise, plus accentuée, si vous le voulez, » d'une pensée qui, je crois, nous est commune, nous avons cru qu'il » était utile, qu'il était convenable, qu'il était à propos d'ajouter une in- » dication d'opportunité... »

Et ce n'est pas assez que ces vœux soient l'expression des désirs de la majorité; les réformes qu'ils indiquent sont déjà accomplies : toutes, elles découlent comme des conséquences de détail du décret du 24 novembre 1860, et c'est pour obéir à ce décret que le tiers parti les réclame. Le gouvernement est libéral, il ne s'agit pas de changer son principe; le contrôle existe, il ne s'agit que de le rendre plus pratique dans la forme :

« Comment l'exerçons-nous aujourd'hui? Au moment de l'Adresse. »

Or, des questions peuvent naître dans l'intervalle. Il faut donc le droit d'interpellation, pour que le contrôle soit opportun; le droit d'amendement pour qu'il soit précis.

« Il faut encore qu'il soit éclairé, et il ne peut l'être que par une » connaissance approfondie des affaires, et cette connaissance ne peut » être acquise par cette assemblée et par le pays qu'au moyen d'une » discussion sérieuse et vraiment contradictoire. Pour faire face à cette » œuvre, il faut des hommes qui soient familiarisés avec les affaires, » non par une étude momentanée, mais par une participation journa- » lière, des hommes qui se soient identifiés en quelque sorte avec cette » politique, et qui en deviennent la personnification.

» Il est donc évident que le débat sur la conduite du gouvernement, » ne peut être soutenu que par des ministres. »

La présence des ministres à la Chambre, là est le point capital du programme, là apparaît à nu la tactique du tiers parti. Va-t-il parler, comme M. Thiers, au nom des droits du pays? Va-t-il réclamer la responsabilité ministérielle, et affirmer ce système politique qui substitue à la souveraineté du prince la souveraineté du pays? Il parle au nom du décret de 1860, et son plus grand souci est de montrer que la présence des ministres est admise par le gouvernement. N'a-t-il pas « décidé qu'aux commissaires du gouvernement seraient adjoints des ministres? » Reste une question de détail : quels ministres doivent venir à la Chambre? Le gouvernement a divisé les ministres en parleurs et en travailleurs : occupés uniquement, les premiers, à diriger dans leur cabinet la politique; les seconds, à la défendre devant la Chambre. Ne vaudrait-il pas mieux que chaque ministre fût appelé à la fois à agir et à soutenir ses actes ? Le motif déterminant, c'est que les ministres d'action, pour être soutenus devant les Assemblées par les ministres de la parole, sont obligés de se soumettre en tout à la volonté de ces derniers. Il y ajoute des hypothèses ingénieuses et de même genre. Mais de la raison politique, de la responsabilité ministérielle, pas un mot. L'orateur semble ignorer que la question existe; tout à coup il la découvre, comme par hasard et à la fin de son discours.

« On dit : Prenez garde, la présence des ministres dans la Chambre, » serait le gouvernement parlementaire avec les crises ministérielles et » les luttes de portefeuille. Je réponds que... les ministres de la parole » représentant leurs collègues, il en résulte que quand nous les avons » devant nous, nous sommes aussi directement en contact avec le gou- » vernement que si leurs collègues étaient présents. Eh bien alors, si le » contact direct du gouvernement avec la Chambre, de tous les ministres » avec la Chambre avait les inconvénients qu'on lui attribue, ces incon- » vénients se présenteraient dès aujourd'hui. Or, vous ne les avez jamais » remarqués, ni moi non plus. J'ai donc le droit de dire qu'ils sont chi- » mériques.

» Je serais bien aise que les personnes qui font cette objection vou- » lussent bien expliquer ce qu'elles entendent par gouvernement parle-

» mentaire, et comment il faut que le gouvernement fonctionne pour » n'être pas parlementaire. Voulez-vous proclamer en principe que l'opi- » nion publique formulée par la Chambre n'exercera jamais sur la poli- » tique du gouvernement aucune influence, aucune action?

» Mais en admettant l'action de l'opinion publique sur le gouverne- » ment, voulez-vous poser en principe que si l'opinion publique déter- » mine un changement dans la politique du gouvernement, les hommes » qui servaient avec conviction l'ancienne politique seront obligés de » servir la nouvelle, afin qu'il n'y ait pas crise ministérielle? Cela est » évidemment impossible. J'ai donc le droit de dire qu'on lutte souvent » sur des formules, et qu'on aurait plus de chances de s'entendre si l'on » allait au fond des choses. »

L'argument semble solide : serrez-le, il s'évanouit. On affirme que l'opinion doit avoir sur ce gouvernement une influence; mais l'unique question est de savoir jusqu'où va cette influence, et c'est ce qu'on ne dit pas. Supposer qu'un accord entre l'opinion et le gouvernement détermine une politique nouvelle, la chute d'un ministère, c'est éviter de dire qui du gouvernement ou de l'opinion est maître. Pour le résoudre, il faut prévoir entre eux le désaccord, et répondre lequel doit céder. Les lois politiques n'ont rien à faire là où le pouvoir et le pays sont d'accord, c'est le conflit qu'elles règlent d'avance, et le régime parlementaire n'est autre que la soumission organisée du gouvernement au pays. Mais l'orateur n'a garde de le dire : le conclura qui voudra; lui ne proférera pas un mot qui effarouche, et il reste obstinément attaché au décret de 1860. C'est de ce décret fécond qu'il tire encore la liberté de la presse! Que d'autres y voient la franchise de la pensée et un droit antérieur aux constitutions, lui, la demande comme une conséquence du décret de 1860, parce que ce décret, légitimant le contrôle, n'a pu vouloir briser « l'instrument le plus puissant du contrôle. »

Le droit de réunion lui-même n'apparaît que sous la protection de cette date.

« Dans la revue des améliorations désirables pour permettre à ce droit » fondamental de contrôle, reconnu par le décret du 24 novembre, de

» s'exercer dans les conditions les plus favorables, il ne m'en reste plus » qu'une à indiquer. Quelque intimes, quelque directs que soient les rap- » ports que la publicité de nos débats et de nos votes établisse entre nos » commettants et nous, il peut y avoir cependant des malentendus. De » là nécessité du droit de réunion pendant la période électorale. »

Il ne reste plus à amoindrir que la pensée même d'où l'amendement est sorti. M. Martel, un des hommes pourtant les plus énergiques du tiers parti, le va faire. (18 mars 1865, *Moniteur.*).

« Quelle est l'origine de l'amendement? L'an dernier, une grande majo- » rité de la Chambre demandait au gouvernement qu'il voulût bien » choisir les maires dans les conseils municipaux, et le gouvernement, » animé d'intentions libérales, fait des promesses qu'il a remplies, et » dont je le remercie. Nous étions confiants lorsqu'on est venu dire : Le » gouvernement s'est trompé; les maires doivent toujours être pris en » dehors des conseils municipaux, les maires sont les agents du pouvoir.
» C'est alors que les amis de la liberté se sont demandé s'il n'y avait » pas un danger pour elle, et si dans les conseils de la couronne il ne » pouvait pas se rencontrer des hommes... pouvant chercher à détruire » les bienfaits du décret du 24 novembre 1860. Nous avons cru qu'il » était bon de venir affirmer au Souverain que la politique qui avait » été suivie était la vraie, la seule qui doive nous guider. »

Enfin, jetant un dernier regard sur les réformes, et comme effrayé de leur audace, l'orateur du tiers parti les corrige par cette déclaration :

« Nous n'avons pas eu la prétention de présenter, même sous la forme » la plus respectueuse, un programme arrêté à l'acceptation de la cou- » ronne. Nous nous sommes bornés, comme c'était notre droit et surtout » notre devoir, à exposer les vœux et les besoins du pays, tels qu'ils » nous apparaissaient.

» Ce devoir rempli, messieurs, notre tâche est terminée. Celle de la » couronne est autre, et je n'ai pas la prétention d'indiquer comment » cette tâche doit être accomplie. Si, dans sa sagesse, le Souverain pense » que les améliorations même les mieux démontrées et les plus incontes-

» tables doivent, pour ne rien compromettre, être successives et non pas
» simultanées, nous ne nous en plaindrions pas, et, pour ma part, je dois
» dire même que j'ai pour les améliorations successives une préférence
» marquée. »

Ainsi des vœux assez vagues pour que toutes les opinions s'y trouvassent à l'aise, assez modestes pour demander leur légitimité, non aux droits du pays, mais au régime même adopté par le pouvoir, assez patients pour prévoir les résistances de celui-ci, y souscrire d'avance, les demander presque : voilà ce que formulait le tiers parti dans un jour de courage. Ce n'était pas seulement timidité, mais politique; ces hommes à conviction divisée ne pouvaient demeurer à l'état de parti qu'à la condition de ne pas avoir de doctrine, et si un programme précis eût convenu aux convictions de certains, il eût desservi leur tactique puisqu'ils voulaient avant tout demeurer amis du pouvoir.

Sur cet amendement, un orateur parle en ces termes :

« Cette Assemblée a tous les pouvoirs nécessaires pour faire prédomi-
» ner sa volonté dans les affaires de l'État. Oui, je crois que, grâce à
» l'Adresse, vous avez dans une mesure suffisante le droit d'interpella-
» tion ; que, grâce au vote sur le contingent, sur le budget, nous avons
» le droit d'arrêter les expéditions lointaines... Je vais même plus loin.
» J'affirme que, quand vous serez persuadés qu'il importe à la chose
» publique qu'un ministre disparaisse du conseil de l'Empereur, vous
» avez le pouvoir de l'en faire sortir. »

L'amendement des 42 réclame le droit d'interpellation, d'amendement, la présence des ministres, semble souhaiter un rôle plus grand pour la Chambre, mais laisse au Souverain sa prépondérance : cet orateur, selon qui l'Assemblée possède suffisamment le droit d'interpellation, la décision de la paix ou de la guerre, l'autorité sur les ministres, est sans doute un membre de la majorité qui repousse l'amendement : non, c'est M. Ollivier qui le soutient. Il le vote, parce que si l'Assemblée a tous ces droits, ils s'exercent mal.

« La Constitution déclare que l'Empereur est responsable. J'ai déjà » dit qu'en ce qui me concerne, cette disposition me plaisait, et je » persiste dans cette opinion. Oui, j'aime à voir à la tête des affaires un » esprit actif et ne renonçant pas à sa part de responsabilité dans les » choses, d'autant plus que la Constitution ne la lui crée pas, les événe- » ments la lui imposent.

» Mais, messieurs, gardons-nous des excès. S'il est bon de faire que le » souverain puisse agir pour sa part, et qu'en conséquence il soit res- » ponsable, il est détestable de permettre qu'en dehors de lui, il existe » des personnes qui, agissant, ne soient pas responsables. Les deux » thèses ne s'excluent pas, il n'y a rien là de contradictoire. »

La déclaration est étrange. Qu'est-ce que la responsabilité ministérielle? Le droit reconnu à la Chambre de faire prédominer sa volonté dans la politique, droit sanctionné par la chute des ministres qui violeraient cette volonté. « Or, si la Chambre, » comme l'a dit l'orateur, « a actuellement les pouvoirs nécessaires pour faire prédominer sa volonté dans l'Etat » et « pour faire sortir les ministres des conseils de l'Empereur », quelle responsabilité fait défaut, que réclame-t-il qu'il n'ait déjà? La première affirmation nie l'autre, et, ce qui est plus grave, toutes deux nient l'amendement. La responsabilité ministérielle, l'union entre cette responsabilité et celle du souverain, voilà, suivant l'auteur, le mot d'ordre du tiers parti : or M. Buffet s'était tu sur la responsabilité des ministres, qu'il voulait, et il s'était tu encore davantage sur la responsabilité du souverain, qu'il ne voulait pas. Par ses contradictions avec soi-même, M. Ollivier laissait voir sa faiblesse dans la question de gouvernement : par ses contradictions avec le programme des 42, il montrait sa personnalité indomptée, ne pouvant s'accommoder, même par son silence, à la discipline d'un parti, et si remplie de sa conviction qu'elle croit exprimer la pensée d'autrui, alors qu'elle y substitue la sienne : enfin, par la clarté de ses demandes et son impatience du but, il compromettait le parti tout entier aux yeux de la majorité.

Celle-ci, du reste, ne s'était pas laissé prendre à la modestie de M. Buffet, et, avant le discours de M. Ollivier, un de ses hommes les plus dangereux par l'énergie, l'intelligence, très-démocrate, encore plus autoritaire, M. le baron Jérôme David avait dévoilé cette doctrine « considérant les questions les plus graves par leurs très-petits côtés, et dissimulant son importance et son but. »

Enfin le gouvernement vint infliger au tiers parti, par l'organe de M. Rouher, des refus sans espérances.

« Que veut-on ? Je suis placé en face de deux doctrines : l'une, dévelop- » pée par l'honorable M. Buffet; l'autre, par l'honorable M. Thiers.

» L'honorable M. Buffet présente la modification qu'il demande d'une » manière simple, modeste : il s'agit de faire venir les ministres à porte- » feuille à la Chambre pour expliquer les affaires, rien de plus, rien de » moins. Mais si telle est sa pensée, qu'il me soit permis de dire que c'est » une question qui cesse d'avoir toute importance et toute portée. Qu'im- » porte, dans cette lutte que le gouvernement a à soutenir, qu'il confie le » soin de sa défense à un ministre de la parole ou à un ministre à porte- » feuille, ou à un membre éminent de l'Etat?... Donc, si c'est là le sys- » tème de l'honorable M. Buffet, il n'est rien ou plutôt il est tout; car, » qui donc peut nier que, le jour où les ministres à portefeuille viendront » dans cette enceinte discuter toutes les affaires qu'ils dirigent, qu'ils » administrent sous le gouvernement de l'Empereur; qui donc peut nier » que ce jour là la responsabilité se déplacera et passera dans le parle- » ment; que la dépendance du ministre, vis-à-vis de la Chambre, sera » nettement établie devant le pays, et que les principes constitutionnels » que je retraçais il n'y a qu'un instant, s'en iront par une pente douce, » facile, glissante, inaperçue, mais fatale, jusqu'au système parlemen- » taire! J'aime mieux la doctrine de M. Thiers, elle est plus vraie, elle » est plus franche. »

A cette doctrine, il oppose la Constitution.

« Le peuple de 1852 en face de la démocratie souveraine a voulu un pou- » voir fortement constitué et le moyen qu'il a employé c'est pour les » ministres la dépendance vis-à-vis du chef de l'État, et non plus cet » asservissement à la direction des assemblées. Selon mes honorables con

» tradicteurs, le Corps législatif, c'est le pays lui-même, c'est la souveraineté placée en face de la dynastie isolée et fortement exposée à un antagonisme ou à une subordination. Je considère cette doctrine comme l'hérésie la plus dangereuse. Non, l'Assemblée législative ne représente pas le pays : elle est un pouvoir, un grand pouvoir, mais qui a sa limite, sa dépendance, son orbite, qui ne peut point en sortir, qui est lié par les dispositions constitutionnelles. »

Après avoir fièrement élevé le monarque au-dessus de la nation, il rappelle au Corps législatif ses fonctions « de contre-poids », il l'engage « à s'agiter dans le pouvoir fixe déterminé solennellement par le plébiscite de 1852 et la Constitution. »

Et pour arrêter court les innovations, après avoir prouvé que le régime parlementaire « est un habit usé, flétri, suranné : »

« Qu'est-ce que ces principes de responsabilité du souverain, de la dépendance des ministres vis-à-vis du souverain seul? Ce sont des principes fondamentaux. Ils ont été posés dans le plébiscite de 1851, ils ont été votés par le peuple français tout entier, nul n'a le droit de les rayer que le peuple lui-même? »

Puis abordant toutes les autres demandes : pour le droit d'amendement il reconnaît que « peut-être il y aura quelque chose à faire. »

Pour le droit d'interpellation, il répond par la menace de la suppression de l'Adresse.

« Y a-t-il quelque embarras pour vous dans cette accumulation de sujets qui se pressent au moment de la discussion de l'Adresse? Les débats ont-ils quelque chose de confus? Ne traite-t-on pas le but suffisamment? Y a-t-il dans cette Chambre cette pensée que l'Angleterre nous donne un enseignement meilleur, qu'il y a certaines pertes de temps dans ce travail difficile d'une Adresse à constituer? Voulez-vous un débat plus actuel, plus pressant, plus vif, un moyen d'interpeller plus directement le gouvernement? Ce que le gouvernement veut, c'est la vérité, il examinera. »

Pour la liberté électorale, il affirme que le gouvernement continuera à diriger le suffrage, et qu'il le doit « sous peine de se désarmer. »

Pour le droit de réunion, il donne un argument de procureur :

« Nous vous avons garanti par la Constitution les principes de 1789; » or, le droit de réunion n'a été promulgué qu'en 1791, et nous ne vous » avons pas promis la législation de 1791. »

Ce droit, il en fait le complice de nos discordes publiques, de cette émeute de juin « où nos généraux, que le fer étranger avait épargnés, venaient tomber sur le sol de la patrie, de cette émeute de juin où la médiation de la religion était repoussée, et où son ministre héroïque mourait de la balle d'un assassin, » il le condamne comme « impossible avec une nature inflammable comme la nation française. »

Pour la liberté de la presse enfin :

« C'est aujourd'hui, dit-il, un aphorisme politique, que les moyens ré- » pressifs employés contre la presse par l'autorité judiciaire et le jury » sont des moyens souverainement impuissants pour sauvegarder les » principes du gouvernement, de la dynastie et des institutions du pays. » Est-ce que dans chaque arrondissement, dans chaque canton, lorsque » l'autorisation aura disparu, lorsque le droit d'avertissement aura été » balayé, lorsque enfin la presse sera libre, lorsqu'elle ne relèvera que » d'elle-même, est-ce que dans chaque ville, dans chaque canton, on ne » soufflera pas une publicité ardente, passionnée, hostile, cherchant à » bouleverser le pays dans un intérêt électoral? »

Et quand il a condamné sans retour toutes les réformes, se tournant vers les réformateurs :

« S'il y a des impatients dans cette enceinte; s'il y a des hommes plus » pressés que le gouvernement, je le regrette, mais il m'est impossible » de les suivre. Ce que nous voulons, c'est maintenir haut et ferme, au » nom du gouvernement, le drapeau du progrès : ce que nous ne voulons

» pas, c'est nous séparer du gros de notre armée comme des impatients,
» comme une avant-garde hâtive et téméraire que son élan emporte
» jusqu'au milieu des rangs ennemis.

» Ne vous séparez pas de nous, vous, nos amis d'hier, qui serez, je
» l'espère, nos amis de demain. La pente sur laquelle vous êtes placés
» est glissante. Vous ne rêvez qu'une modification insensible, graduelle,
» plus ou moins opportune, et dans quelques instants, lorsque le vote
» s'ouvrira, alors peut-être vous trouverez dans vos rangs ceux qui ne
» représentent plus votre opinion, et pour avoir voulu conquérir des
» nuances, vous aurez été absorbés par des couleurs. »

Et l'amendement voté par 61 voix était repoussé par 202, le 19 mars 1866. Ainsi, après deux années, le tiers parti recueillait un fruit légitime de ses efforts; il s'était refusé à formuler des réformes sérieuses, on lui interdisait jusqu'à l'espérance des plus minimes ; il s'était voulu joindre à la majorité, la majorité le reniait; il s'était dit sans cesse dévoué au gouvernement, le gouvernement l'avait condamné; il s'était déclaré hostile à l'opposition, il n'avait que l'opposition pour l'applaudir et le seconder.

Enfin, irrité jusque dans sa victoire d'avoir eu à combattre, le pouvoir, par le coup d'autorité le plus grave qu'il eût accompli depuis 1852, songeait à se soustraire jusqu'aux regards de la raison humaine, et le 15 juillet 1866, un sénatus-consulte interdisait à la France de discuter sa Constitution. C'était une sentence d'immobilité éternelle ; cette éternité dura six mois.

XV

Ce qui, dans les pays libres, garantit l'indépendance, c'est la stabilité des institutions; ce qui, dans les autres, tempère l'absolutisme, c'est l'inconstance du maître.

Le 19 janvier 1867, l'Empereur écrivait au ministre d'État :

« Jusqu'ici vous avez dû lutter avec courage en mon nom pour re-
» pousser des demandes inopportunes et pour me laisser l'initiative des

» réformes utiles lorsque l'heure en serait venue. Aujourd'hui je crois
» possible de donner aux institutions de l'Empire tout le développement
» dont elles sont susceptibles et aux libertés publiques une extension
» nouvelle sans compromettre le pouvoir que la nation m'a confié. »

Ces extensions étaient l'Adresse remplacée par les interpellations ; le pouvoir discrétionnaire du gouvernement en matière de presse supprimé, la promesse du droit de réunion « contenu dans les limites qu'exige la sûreté publique, » enfin l'envoi des ministres aux Chambres.

Rien de cela n'annonçait un retour au régime parlementaire ; le Souverain déclarait dans sa lettre qu'il n'entendait pas, « en » envoyant les ministres au Sénat et au Corps législatif, en » vertu d'une délégation spéciale pour y participer à cer- » taines discussions, sortir de la Constitution qui n'admet » aucune solidarité entre les ministres et les fait dépendre uni- » quement du Chef de l'État. » C'était soin superflu : donner la liberté de la presse et des réunions alors que la Chambre s'y était montrée hostile, édicter ces réformes à l'insu de ministres qui naguère les condamnaient, étaient des caractères d'un souverain absolu et d'un ministère effacé. Le décret du 19 janvier était aussi contradictoire que celui du 24 novembre 1860, et plus dangereux, car il déchaînait l'opinion du pays sans augmenter sa puissance légale sur les affaires. Mais, à ne considérer les promesses qu'en elles-mêmes, elles étaient importantes, libérales. Qui avait donc détaché l'Empereur des résistances absolues ? Sans doute le sentiment des vœux réels du pays, peut-être le désir de faire diversion à son impuissance en Allemagne, enfin un homme, M. Ollivier. Ce n'était pas comme chef du tiers parti que celui-ci obtint cette influence. Celle du tiers parti avait été nulle sur l'Empereur ; ses membres ou manquaient de valeur politique ou avaient excité la défiance en célant leurs projets. Leurs demandes étaient plus modestes que celles de M. Ollivier ; mais comme ils sortaient de la majorité ou en prétendaient être, elles devaient sembler presque des trahisons. M. Ollivier, qui exigeait beaucoup, était un républicain rallié à l'Empire : la satisfaction de cette conquête empêchait d'en marchander le prix. Enfin, le tiers parti tendait à soumettre l'Empereur aux Chambres, ou à partager le pouvoir entre elles et lui. M. Ollivier, au contraire, dans sa démocratie rêvée, avait toujours réservé le premier rôle au Prince. Ce n'était pas seulement une part, c'est la direction qu'il lui proclamait due dans les affaires : dans tous ses discours, ce n'était pas la France, c'est l'Empereur qu'il avait entretenu, tâché de convaincre ; et loin de le désarmer, il semblait mettre à son service comme un autre despotisme, pour créer la liberté.

Si l'Empereur voulait une réforme, c'est donc vers M. Ollivier qu'il devait se sentir attiré. Du reste, des intermédiaires avaient depuis longtemps noué entre eux des liens presque personnels. Le premier, M. de Morny avait fait à M. Ollivier des avances significatives. Dans des conversations nombreuses, tournées même en épanchements intimes, le député, sans rien céder de ses principes, avait laissé voir des dispositions favorables au gouvernement, et l'Empereur n'avait pu l'ignorer.

Pendant le voyage qu'il fit en Algérie, l'Impératrice régente désira recevoir M. Ollivier, et le fit prier à un dîner : il accepta à la double condition qu'elle ne le recevrait pas en souveraine, et qu'il n'irait pas en député. Cette première visite inspira à l'Impératrice la volonté d'une seconde entrevue. Plusieurs autres suivirent, intimes, presque mystérieuses. A l'une d'elles, M. Ollivier était à peine chez elle, que l'Empereur y entra. M. Ollivier ne dissimula rien de ses vues. La simplicité de ses théories, l'entraînement de sa parole, la confiance contagieuse qu'il montrait en lui-même frappèrent le Souverain : non encore convaincu, il fut charmé. Moins encore M. Ollivier échappa à cette séduction que la personne de l'Empereur exerce jusque sur ses ennemis. Le lien était formé : en même temps une sorte de conspiration libérale, dont M. de Morny, conviction ou habileté, tenait les fils, et où il faisait entrer tour à tour les plus hauts personnages, et dans laquelle était entré M. Rouher lui-même, allait s'ourdissant autour de l'Empereur. Elle allait précipiter de deux ans peut-être le 19 janvier, quand M. de Morny mourut : la trame fut brisée. Après l'interrègne de M. Schneider, M. Walewski vint s'asseoir au fauteuil de la présidence. Pour un haut dignitaire, il était libéral ; cela d'abord par une tendance naturelle de son esprit, ensuite par un antagonisme connu contre M. Rouher, enfin, par l'influence d'une femme des plus éminentes en politique, Mme la comtesse Walewska. Avant la fin de 1866, M. Ollivier était accueilli à la présidence avec la même distinction que sous M. de Morny et considéré là comme l'homme d'une nouvelle situation. Mais les temps étaient changés, la confiance que le Souverain accordait entière à M. de Morny était divisée entre plusieurs personnages, et M. Rouher, s'accoutumant à l'exercice presque absolu du pouvoir, et insensiblement éloigné des idées auxquelles M. de Morny l'avait amené, empêchait toute réforme et contre-balançait M. Walewski.

Enfin, dans les derniers jours de décembre 1866, à Compiègne, après un entretien que, dit-on, Mme la comtesse Walewska avait eu avec l'Empereur, M. Walewski, choisi comme négociateur, écrivit à M. Ollivier. Celui-ci, alors à Saint-Tropez, revint à Paris : l'Empereur tenait à l'avoir dans ses conseils, mais ne rêvait pas de changement politique, et ne voulait donner de liberté que le nécessaire pour permettre l'entrée de l'homme aux affaires. M. Walewski offrit au député le portefeuille de l'instruction publique et la mission de porter la parole devant les Chambres : c'était un ministère avec M. Rouher, si M. Rouher acceptait, sans lui si, par impossible, M. Rouher refusait. M. Ollivier désirait voir l'Empereur, mais ne voulait pas se lier : huit jours furent employés en pourparlers : au bout de ce temps, M. Ollivier fut prévenu que s'il ne s'engageait pas à accepter un portefeuille, toute entrevue avec le Souverain était inutile. M. Ollivier accepta, et le 10 janvier il entrait ministre dans le cabinet de l'Empereur. Mais où un ambitieux vulgaire n'eût vu qu'une occasion de saisir un portefeuille, M. Ollivier avait un but autrement vaste, et il faut le dire, autrement noble. Il entra ministre, mais pour changer une question de personnes qui lui donnait le pouvoir, en une question de gouvernement qui donnât à la France la liberté. Son plan déjà exposé, il le traça de nouveau devant l'Empereur, et affirmant comme minimum de ce que le pays devait attendre, une loi sur la presse et la liberté de réunion, il convainquit cette fois le Souverain. L'entrevue dura deux heures; les réformes étaient décidées. Leur instigateur fut convié à les exécuter. M. Ollivier demanda à l'Empereur de lui rendre sa parole. Si la tentative libérale amenait des orages, dit-il, le poste que je décline aujourd'hui, je viendrais le réclamer : ce me serait un devoir de sauver par mes efforts, après avoir compromis par mes conseils : un homme est l'otage de ses idées. Maintenant, je préfère, et je peux avec plus de fruit, en demeurant sans attaches, soutenir le pouvoir.

L'Empereur, peu habitué à voir demander comme une grâce de n'être rien, lui rendit sa liberté; mais en perdant un ministère, M. Ollivier gagnait la profonde estime du Souverain. Le lendemain, il résuma par écrit les résolutions de la veille. L'Empereur lui répondit de sa main, et l'on peut juger de la confiance étroite et du respectueux attachement qui unissaient l'un à l'autre, par le caractère d'abandon que respire cette lettre. Cependant la réforme promise se faisait attendre : tout entier à son but, M. Ollivier écrit encore, et, en termes d'une franchise respectueuse, il réclame l'accomplissement des promesses. Le 18, l'Empereur lui répond de nouveau : la difficulté d'un remaniement ministériel a seule retardé leur exécution; elles paraîtront le lendemain au *Moniteur*. Enfin, quand le 19 janvier est venu mettre le ministère en désarroi, l'Empereur donne au député la marque d'estime la plus délicate; c'est avec lui que M. Rouher est chargé de conférer, c'est près de lui qu'il doit s'instruire. En effet, le 21 janvier, M. le ministre d'État, dans une lettre où il déclare ne pas ignorer de quelle influence a été M. Ollivier sur les décisions de l'Empereur, lui demande un entretien, et l'assure de sa sympathie. M. Ollivier réunit tous les aperçus, documents, considérations qu'il a recueillis sur les réformes à accomplir, et qui, après avoir déterminé ses convictions, peuvent éclairer celles du ministre; il les lui envoie, puis de sa personne il le va trouver et lui tient un langage qu'on croirait sorti de la bouche rude, franche, altière, mais désintéressée d'un homme de la première République.

« Avant de parler des lois, et pour rendre notre situation nette, je viens vous dire quatre choses : la première, c'est qu'on prétend que je veux vous remplacer au ministère d'État; j'ai moi-même engagé l'Empereur à vous confier le soin des réformes nouvelles; je ne songe pas plus à vous remplacer dans l'avenir que je n'y ai songé dans le passé : si jamais vous avez à cet endroit quelque doute, interpellez-moi. La seconde, c'est que si j'avais voulu être ministre, je le serais; si vous en doutez, interrogez l'Empereur. La troisième, c'est que je vous prêterai un concours sans arrière-pensée. La quatrième, c'est que je vous supplie de marcher dans la voie aujourd'hui ouverte, de ne pas vous croire lié par vos résistances d'hier et de vous souvenir qu'on ne se contredit jamais quand on fait mieux[1] ».

Ce désintéressement ne fut-il pas une faute politique?

Qui pouvait arrêter M. Ollivier? Ses scrupules contre le gouvernement personnel? Mais il l'avait soutenu. Le libéralisme trop restreint du décret? Mais après avoir donné son

1. Nous ne donnons pas de détails plus amples, par déférence pour M. Ollivier : à lui seul appartient de rendre publics les faits où il a joué ce rôle. Nous souhaitons qu'il le fasse, parce que la lecture d'une seule de ces pièces prouvera le néant des insinuations de certaine presse, montrera le singulier courage qu'a depuis deux ans bientôt M. Ollivier, de garder secrète sa justification, enfin, sans entraver le droit de juger ses vues politiques, mettra hors de cause ce qu'il y a de moins discutable en lui avec le talent, l'élévation du caractère.

vote à l'Empire pour exciter des réformes, il était plus naturel encore d'entrer dans ses conseils pour les élargir. Le sentiment de la Chambre? Il est certain que l'avénement de M. Ollivier eût excité ses alarmes ; mais un appel à son dévouement ou la menace d'un appel aux électeurs aurait garanti son obéissance. Si elle eût résisté, l'heure était propice au renouvellement du Corps législatif; entre les partisans systématiques du 2 décembre et les ennemis systématiques de l'Empire, la grande masse pouvant donner satisfaction à ses sentiments conservateurs et libéraux eût soutenu un ministère de progrès. La difficulté vint de la position de M. Ollivier, et cette position de sa nature. A la Chambre, la gauche seule, dont il était sans retour séparé, partageait sa façon de vouloir les libertés : dans le tiers parti, les personnalités étaient trop petites ou avaient des opinions trop différentes pour que M. Ollivier, incapable de compromis, trouvât matière à un cabinet.

XVI

Cependant le décret avait paru : tous les ministres avaient donné leur démission ; le tiers parti crut admis son programme et ses ennemis renversés. Dès le lendemain, M. le baron de Janzé, d'opinions intermédiaires entre M. Latour du Moulin et M. Ollivier, et qui venait de consacrer un volume à démontrer qu'on avait le droit d'être libéral puisque la Constitution ne le défendait pas[1], s'exprimait ainsi dans un post-scriptum :

« ... Ce décret, qui est la plus complète justification des idées émises » dans ce travail et l'adhésion la plus entière du gouvernement à la po- » litique des Quarante-Deux, est suivi de la publication d'une note, qui » atteste toute l'importance de l'évolution qui vient de s'accomplir.

» Cette note est ainsi conçue: « Tous les ministres ont déposé aujour- » d'hui leur démission entre les mains de l'Empereur. »

[1] *La Constitution de* 1852, par un des Quarante-Deux.

» Constitutionnellement, le ministère avait le droit de rester au pou-
» voir; moralement, il reconnaît qu'il est responsable devant l'opinion
» publique, que sa responsabilité est solidaire, et il se retire tout en-
» tier le jour où le gouvernement change sa politique. »

Mais, quelques jours après, le cabinet nouveau se formait; « sa responsabilité devant l'opinion » avait exclu du pouvoir les seuls ministres qui n'eussent pas de portefeuille politique; « sa solidarité » replaçait aux affaires les trois hommes qui avaient combattu toute réforme libérale, et parmi les ministres nouveaux était l'honorable vice-président du Conseil d'État, qui avait, avec une énergie convaincue, repoussé, un an auparavant, toute modification au régime de la presse.

Ces nominations inquiétèrent, dans le tiers parti, ceux qui désiraient des réformes sérieuses; elles indisposèrent surtout ceux qui avaient espéré réaliser eux-mêmes leur programme. Ces sentiments percent dans une préface faite par M. Latour du Moulin à ses discours [1] :

.... « Ce qui est digne de remarque, la plupart des réformes, annoncées
» ou déjà décidées par l'Empereur, sont exactement celles qui lui ont
» été respectueusement indiquées comme nécessaires à la consolidation
» définitive de l'Empire par un certain nombre de députés qu'on traitait
» en ennemis, lorsqu'ils se montraient, qui peut maintenant le con-
» tester? — des amis dévoués et prévoyants.
» C'est un nouveau succès pour eux que de voir l'application de leurs
» idées confiée aux ministres mêmes, qui récemment encore les décla-
» raient dangereuses ou impraticables. »

Néanmoins la parole impériale restait : aussi, quand l'opposition, plus soucieuse des biens perdus que des biens offerts, interpelle le gouvernement, réclame contre la suppression de l'Adresse et appelle le décret du 19 janvier un recul sur le décret du 24 novembre, M. Ollivier vient dire « hautement » au pays et à l'Assemblée son avis sur les événements

[1] *Questions constitutionnelles.*

» graves, salutaires, heureux, grands, qui viennent de s'ac-
» complir, » et « n'a qu'un désir, c'est de réunir son vote à
» ceux qui expriment leur confiance et leur satisfaction en vo-
» tant l'ordre du jour. » Et, sauf M. Léopold Javal, le tiers parti votait comme M. Ollivier.

Pour l'opinion, d'abord incertaine sur la portée des réformes, quand elle connut les ministres de la liberté, elle se tint fort assurée de ne jamais arriver à la licence, et elle porta ses préoccupations sur les affaires extérieures.

XVII

La guerre d'Allemagne, qui certes « avait détruit en 1866 l'équilibre de l'Europe au profit d'une puissance, » n'avait pas donné à la France les compensations annoncées par la lettre impériale du 11 juin. Deux mois après la bataille de Sadowa, une circulaire de M. de La Valette, ministre des affaires étrangères par intérim, avait de nouveau changé la politique et remis en honneur le système d'indifférence. Elle affirmait que l'œuvre faite en Prusse était tout à notre avantage, et, tandis que le discours du Trône de 1866, qui avait inauguré cette tactique, réservait du moins la faculté « de s'affliger ou de se réjouir, » la circulaire ne permet plus aux bons citoyens qu'une satisfaction sans mélange. Après cette circulaire, paraît le projet de loi de réorganisation de l'armée qui changeait la France en un camp, et que le gouvernement, en face d'une protestation générale, eut la demi-sagesse de modifier sans l'abandonner.

Au milieu de ces contradictions, la France avait flotté inquiète de l'avenir, et attendait avec anxiété laquelle de toutes ces politiques affirmerait le discours du Trône.

Il en exposa une nouvelle, tirée des méditations de l'Empereur à Sainte-Hélène :

« Une de mes plus grandes pensées a été la concentration des mêmes

» peuples géographiques morcelés par la révolution et la politique. Je ne » pense pas qu'après ma disparition et la chute de mon système, il y ait » pour l'Europe d'autre équilibre que la confédération des grands peu- » ples. »

Ainsi, ce n'est plus ni le droit, ni l'intérêt, qui décide des peuples, c'est la géographie, et cette force fatale dispose des nations, quoi qu'elles en aient. A ces paroles, qui semblent enlever de la politique la responsabilité, les petits peuples furent saisis de crainte, les grands d'ambition; tous armèrent. C'est alors, 15 mars 1867, que M. Thiers et quatre de ses collègues interpellèrent le gouvernement sur les affaires extérieures. Rarement lutte fut plus solennelle : comme orateurs, les plus illustres; comme débat, non-seulement la paix ou la guerre générale, mais le principe même qui devait désormais dans le monde commander aux relations des peuples; comme auditoire, l'Europe, suspendant le bruit de ses armes et attendant la parole de la France pour en faire son cri de combat ou son pacte d'alliance.

Contre la parole de Napoléon, M. Thiers invoque l'histoire même de la France : il porte dans ses mains les revers et les gloires du passé et les tourne à notre leçon. Charlemagne, François Ier, Henri IV, Richelieu, Mazarin, divers de temps, de génie, de fortune, unis dans le but qu'ils poursuivent, viennent proclamer tour à tour que la politique extérieure de la France ne s'inspire pas de sa politique intérieure, que la première a pour but unique l'intérêt de la France, et que, cet intérêt étant le maintien de sa grandeur parmi les nations, elle s'est faite l'alliée des faibles et l'adversaire des puissants. Juste en cela autant qu'habile, parce que ce ne sont pas les petits qui imposent l'injustice, parfois elle s'égare, et quand elle a brisé une suprématie, elle tend à y substituer la sienne. Alors la clientèle des États secondaires se joint aux vaincus de la veille : la France doit s'arrêter comme sous Louis XIV, comme sous Napoléon. Mais bientôt elle reprend son véritable caractère, et, défendant contre tout usurpateur l'indépendance de l'Europe, en demeure la première nation.

A ces enseignements du passé quel dogme se substitue? L'agglomération des mêmes peuples géographiques? Est-ce à dire qu'une communauté de race, de langue, de territoire soit la base nécessaire d'une nation? Mais il n'est pas de peuple qui puisse subsister, car il n'en est pas un seul qui n'embrasse des races distinctes : les uns seront morcelés, d'autres devront disparaître, d'autres démesurément grandir, et comme tous voudront gagner beaucoup, aucun céder quelque chose, ce sera une guerre générale : par suite, la force seule décidera des limites. La loi géographique sera violée. Et mieux vaut ce principe faussé par les batailles que sincèrement appliqué : s'il l'était, se formeraient trois grandes races, partant trois grands peuples : la France avec 40 millions d'habitants, l'Allemagne avec 50, la Russie avec 120 millions. « Pour l'Europe ce serait le chaos, pour la France le troisième rang. »

Est-ce à dire que la volonté des populations peut les diviser ou les réunir en peuples nouveaux? Telle n'est pas la pensée du discours du Trône. Du reste, où est cette volonté dans les bouleversements de l'Europe? Seule, la violence a fondé l'œuvre. Mais en admettant que cette volonté des populations fût sincère à se fusionner, leur droit serait-il absolu? Un peuple peut constituer à son gré sa vie intérieure, parce qu'elle ne touche que lui ; mais dès qu'il modifie son être extérieur, il modifie cet ensemble qu'on appelle l'Europe, où il avait une place et dont la liberté et la paix sont attachées à une certaine proportion entre les forces de ses membres. Si donc la modification est périlleuse pour l'Europe, celle-ci peut intervenir. Or, si la France avait droit d'intervenir, n'y avait-elle pas un intérêt capital? Et en remontant la chaîne des erreurs, il rappelle que, pour avoir oublié ce principe, on a laissé se faire l'unité italienne, et, pour ne pas commettre une inconséquence désirable, on a laissé de même naître l'unité allemande.

Aujourd'hui que faut-il? Ce n'est pas attaquer l'œuvre qu'on a laissé accomplir. Marcher contre la Prusse, ce serait unir dans tout cœur allemand l'idée d'unité et l'idée de patrie, et, par suite, pousser l'Allemagne du Sud dans les bras de la Prusse : ce serait le faire sans alliés, car l'Autriche a besoin de la paix, car l'Italie ne serait pas avec la France ; ce serait surtout permettre à des puissances ambitieuses de se jeter dans la mêlée, et au moment où nous voudrions rétablir l'équilibre en Allemagne, de trancher contre nous la question de Rome ou de Constantinople.

Mais il faut énergiquement montrer que si l'on respecte l'œuvre accomplie, on l'empêchera de s'étendre ; et pour cela ne pas permettre que l'on puisse soupçonner la France d'une ambition territoriale :

« Parce que s'il y a un acte d'ambition de notre côté, nous autorisons » l'ambition la plus gigantesque dans tout le reste du monde.

» Voilà pourquoi je ne veux pas de cette politique ; je la combats sous » toutes ses formes claires ou obscures, directes ou indirectes, sous » quelque forme qu'elle se produise, et voilà pourquoi je suis pour la » formation d'un parti conservateur en Europe, parti qui aura pour » principe : ne rien prendre pour soi et ne rien laisser prendre aux » autres.

» Ne pensons pas au passé, ou plutôt n'y pensons que pour condam- » ner un système qui a été funeste à tous ceux qui s'y sont attachés, » mais indiquons bien une politique conservatrice en Europe, libérale » au dedans, conservatrice au dehors, avec invitation formelle au gou- » vernement de s'y rallier. »

Contre cette doctrine, M. Ollivier s'élève ; il avait déclaré, l'année précédente, que la politique de la France était de protéger les petits États d'Allemagne, et que le jour où l'iniquité de Gastein deviendrait définitive, la France devrait intervenir. En 1867, les petits États sont captifs, l'iniquité de Gastein s'est étendue sur une partie de l'Allemagne, la France est restée immobile, M. Ollivier approuve la conduite du gouvernement.

« Quel doit être le principe supérieur de la politique d'un peuple? Je
» ne connais, pour les nations comme pour les individus, qu'une chose
» facile à saisir, fixe, immuable, certaine et à quoi par cette raison il
» faut obstinément se tenir; c'est la justice. Et pour une nation comme
» la France il n'y a qu'une attitude digne, c'est d'être partout l'observa-
» teur d'abord, le défenseur ensuite de ce qui est juste. »

Or, ce qui est juste, c'est le principe des nationalités, non en ce sens qu'une affinité de race, de langue, de géographie, crée un peuple; mais en ce sens que, quand des populations dans l'Europe veulent s'unir, ou se diviser, nul n'y peut mettre obstacle.

M. Ollivier approuve donc le gouvernement français d'avoir, à la conférence de Londres, au lieu de s'appuyer sur le traité de 1852, dit: « Consultez les populations des duchés. »

Quand entre les deux puissances allemandes éclate la division, puis la guerre; admis ce principe des nationalités, « la France ne pouvait s'allier ni avec la Prusse qui opprimait les duchés, ni avec l'Autriche qui opprimait Venise. »

La guerre délivre la Vénétie et, victorieuse, la Prusse affirme la spoliation des duchés et l'étend sur la Saxe, sur Francfort, sur le Hanovre. Il n'y a là que le droit de l'épée, et M. Ollivier reconnaît que: « La justice ne s'opposait donc pas à ce que nous
» disions à la Prusse : Tu ne vas pas t'annexer le Hanovre et
» Francfort qui ne veulent pas de toi, et si tu t'y obstines, nous
» nous opposerons à l'iniquité par la force des armes. Oui,
» nous en avions le droit. »

Mais si tel était le droit et « si le principe auquel il faut obstinément se tenir est la justice, » s'il n'y a qu'une attitude digne, « être partout l'observateur d'abord, le défenseur ensuite de ce qui est juste, » la France devait se lancer dans la guerre, M. Ollivier le lui doit conseiller.

Cependant il ajoute:

« Oui, nous en avions le droit; devions-nous le faire? S'il y a quel-
» qu'un dans cette assemblée qui le pense, qu'il se lève et ose le dire.

» Oui, qu'il se lève dans cette assemblée celui qui osera soutenir que » nous devions allumer une conflagration universelle pour empêcher » les duchés d'appartenir à la Prusse. Le droit s'y opposait, mais en » quoi cela nous menaçait-il? »

Eh quoi! quand la violation du droit ne nous menace pas, nous la devons laisser commettre! Mais alors le principe auquel il faut obstinément se tenir n'est pas la justice, la théorie des nationalités n'est pas notre unique règle extérieure : il faut y en ajouter une autre : l'intérêt! que dis-je? le principe des nationalités tombe, et seul subsiste celui de l'intérêt, puisqu'on laisse violer le droit par la raison que l'iniquité n'atteint pas la France. Et quand M. Ollivier demande le téméraire qui, pour une satisfaction de justice, aurait voulu la guerre, que reste-t-il de sa théorie?

« Les deux puissances uniquement intéressées à ce que les duchés » n'appartiennent pas à la Prusse, ne sont-ce pas la Russie et l'Angle» terre? La Russie est intéressée à ne pas voir dans les mains d'une » puissance forte le port de Kiel. L'Angleterre est intéressée à ne pas » voir le nombre des marines secondaires s'accroître. »

Qu'est-ce que cet intérêt si ce n'est celui qu'a chaque puissance à ne pas voir démesurément grandir sa voisine? Qu'est-ce, sinon la théorie de l'équilibre européen? M. Ollivier le nie, et le bon sens le contraint à s'appuyer sur cet équilibre lorsqu'il s'agit de la Russie et de l'Angleterre. Mais si la Russie et l'Angleterre peuvent s'émouvoir d'un port conquis ou d'une marine secondaire, la France verrait avec indifférence sur sa frontière 30 millions d'hommes belliqueux, agressifs, appuyés sur des places renommées et tenant dans Mayence la clef des champs de bataille! Quand il s'agit de la France, ce n'est plus l'équilibre, c'est la nationalité qui dirige la politique de M. Ollivier.

« Sans doute un certain équilibre doit exister; mais ce n'est pas dans

» le balancement des forces matérielles qu'il faut le chercher; il naîtra » de la pondération des forces morales et de la satisfaction, non de la » compression, des aspirations nationales. »

Or, grâce à ces aspirations nationales, un jour ou l'autre en Allemagne, la confédération du sud s'unira à celle du nord. Faut-il suivre la politique de M. Thiers, accepter le passé, mais empêcher que l'œuvre s'accomplisse? Non, un tel parti ne peut convenir à un esprit rigoureux. Qu'importe l'état de l'Europe, la force de la France?

« Si l'agrandissement prussien est une humiliation pour nous, à quoi » donc occupons-nous notre temps? Chaque minute d'hésitation, c'est » trop! Chaque minute de retard, c'est trop! Effaçons immédiatement » l'outrage, détruisons cette confédération qui nous menace. »

« Non ce n'est pas de la bonne politique; je ne vois qu'une conduite » qui soit digne, qui soit sage, qui soit habile, c'est d'accepter sans » arrière-pensée, c'est d'accepter sans inquiétude une œuvre qui n'est » pas dirigée contre nous. Pourquoi? Parce que l'Allemagne sera l'enne- » mie naturelle de la Russie et l'alliée de la France. »

Mais si tel est le motif qui doit déterminer notre politique, où est le principe des nationalités et « la pondération des forces morales »? Le motif déterminant, c'est que nous nous fassions une alliée naturelle; le motif déterminant, c'est donc encore un motif d'équilibre européen; et ce discours fait pour condamner la politique d'équilibre est le plaidoyer le plus concluant en faveur de l'équilibre.

Pour la doctrine de M. Thiers, votèrent les diplomates, suivant ainsi à l'extérieur leur politique accentuée. Avec le gouvernement votèrent MM. Ollivier, Latour du Moulin et la Chambre.

De ces scrutins contradictoires sortait au reste une pensée identique. Pas de guerre, pas d'annexions!

Et le ministre d'État, désavouant les théories géographiques, avait lui-même garanti la paix en rajeunissant la politique de satisfaction.

« Je ne vois pas dans les événements nouveaux une cause d'alarmes, » ils ne sont pas dirigés contre la France, ils ne sont un danger, ni pour » sa puissance matérielle, ni pour son autorité morale; plus j'étudie les » intérêts nouveaux, plus j'espère que le temps consolidera, entre les » peuples, l'harmonie, la concorde, la sympathie, et quant à la nation » française, je dis qu'il importe peu que la France ait grandi ou non, » en étendue, pourvu qu'elle grandisse en hauteur. Qu'elle s'applique au » soin de sa prospérité, qu'elle s'occupe à développer sa puissance et sa » richesse; maintenant que le Souverain a ouvert à chacun de nous des » horizons nouveaux, qu'elle se concentre fière, calme, sereine, forte, » dans le culte et la pratique de ses libertés intérieures. »

C'était le 18 mars.

Le 8 avril, le ministre des affaires étrangères vint annoncer l'incident du Luxembourg : d'après lui, l'affaire n'avait pas été soulevée par la France; sur cette affirmation, le Corps législatif attend avec calme le résultat de la conférence réunie à cet effet, et bientôt le ministre vient donner comme une victoire la nouvelle que le duché sera neutralisé et la forteresse détruite.

Cependant les documents se répandent. Il apparaît qu'au lendemain de Sadowa, le gouvernement a réclamé d'abord, à titre de compensation; Mayence et Landau, puis le Palatinat et la Prusse Rhénane; que, n'ayant pu obtenir cette grande compensation, il s'est contenté du Luxembourg, comme si c'était la modestie de la demande et non la force du demandeur qui, en politique, décide de la convenance des réclamations. Le Luxembourg, c'est la France qui en a demandé l'annexion; cela ressort de la première dépêche envoyée à notre ministre à La Haye, le 28 février 1867 :

« Sa Majesté pensera peut-être qu'en se dépouillant d'une principauté » dont la position actuelle est devenue difficile et précaire, elle fera un » acte également agréable à ses sujets hollandais, désireux de se dégager » de toute compromission relative au grand-duché et à ses sujets luxem-

» bourgeois dont les sympathies sont toutes françaises, et qui craignent » de se voir réunis à l'Allemagne. Il m'est permis d'admettre qu'en ac- » ceptant de bonne grâce le fait d'une réunion du grand-duché à la » France, le cabinet de Berlin croirait faire acte d'habileté politique et » aimerait à nous ménager une satisfaction morale et matérielle. »

Cela ressort d'une dépêche du 28 mars, écrite par notre ambassadeur à Londres.

« Lord Stanley m'a dit ce matin qu'il savait de bonne source que » nous avions adressé directement au cabinet de La Haye une demande » de cession à la France, moyennant indemnité pécuniaire, du territoire » et de la forteresse du Luxembourg. »

Cela ressort d'une dépêche télégraphique envoyée le même jour de La Haye :

« Le prince d'Orange est chargé de dire à l'Empereur que le roi, dési- » rant lui être agréable, consent à la cession, et prie Sa Majesté impé- » riale de s'entendre avec la Prusse. »

Cela résulte enfin de la déclaration faite à la première Chambre hollandaise, par le ministre des affaires étrangères :

« Il y a un point important à éclaircir : il s'agit de ce qui a été dit, et » c'est le gouvernement hollandais qui aurait soulevé le premier cette » question vis-à-vis d'une puissance étrangère, je dois donner le dé- » menti le plus formel à cette allégation. »

Ainsi, malgré la disposition du pays, le gouvernement avait laissé la guerre d'Allemagne s'accomplir, pour emporter des dépouilles, et c'est pour voiler sa déconvenue qu'il affectait de voir avec satisfaction la grandeur de la Prusse; ainsi, au moment où il affirmait devant la Chambre que les événements d'Allemagne étaient à notre avantage, il cherchait à réparer, par des agrandissements, l'atteinte portée à notre puissance ; ainsi, au jour où il déclarait que l'affaire du Luxembourg venait d'être soulevée par la Hollande, il l'avait depuis deux mois commencée, et il s'exposait aux aventures et à la guerre le jour où il affirmait ne vouloir que les libertés intérieures.

XVIII

En même temps arrivaient ces libertés promises, et le 13 mars, le projet de loi sur la presse et le droit de réunion étaient déposés à la Chambre. L'impression fut telle que, dans le même ouvrage[1], où il a célébré le 19 janvier, le même M. de Janzé écrit :

« Est-il besoin de rappeler le doute immense qui s'empara du pays » tout entier sur la portée du décret du 19 janvier, quand il vit les mi- » nistres, un instant démissionnaires, rentrer au pouvoir, et se charger » de la défense et de l'application des mesures qu'ils avaient combattues » si énergiquement... La retraite du ministère Rouher était donc impé- » rieusement exigée par les événements. »

Rappelant néanmoins l'engagement pris par les ministres de préparer et d'étudier avec « une religieuse conscience » les lois nouvelles, « de ne pas restreindre, de ne pas élargir imprudemment les promesses impériales, » il ajoute :

« Quelqu'un oserait-il encore soutenir que les lois présentées par le » ministère Rouher sont la traduction fidèle des promesses impériales? » Ce ministère, qui nous avait promis la réalisation rigoureuse du pro- » gramme du 19 janvier, ne veut pas la liberté : il ne la veut pas plus » aujourd'hui que l'année dernière. Veut-il du moins la paix? Pas » davantage. Il affirme bien qu'il la veut, mais il refuse de déclarer » solennellement qu'il répudie toute pensée d'agrandissement territorial, » et il ne veut pas renoncer à ce projet de réorganisation militaire, qui » épuise nos finances, et fera des soldats de tous les Français sans for- » tune. Il ne sait vouloir résolûment et franchement ni la réaction, ni

[1] 2e édition. 20 avril.

» la paix, ni la guerre; sa pratique impuissante ne peut aboutir à l'ex-
» térieur qu'aux aventures, à l'intérieur qu'à l'avortement des promesses
» libérales du 19 janvier.

» Mais la France veut en 1867 ce qu'elle voulait en 1863 : elle veut la
» paix et la liberté. Quel que soit le talent de ces gladiateurs de la parole,
» le ministère Rouher se brisera à tenter l'impossible, à vouloir faire
» remonter à la nation française le courant libéral pacifique qui l'en-
» traîne insensiblement. »

Dans cette page, se révèle la conduite que vont adopter désormais les constitutionnels. Trompés au dehors, déçus au dedans, ils cherchent la cause du mal, et la découvrent dans un désaccord entre la volonté du souverain et celle des ministres. L'Empereur a fait le 19 janvier, c'est lui qu'ils soutiennent. Contraire est l'attitude des diplomates; comme ils aspirent à un régime où la volonté du souverain soit subordonnée à celle des ministres, et celle-ci à la volonté de la Chambre, ils ne peuvent s'élever contre un cabinet appuyé par la majorité pour accroître la prérogative impériale : ils n'ont pas davantage à le soutenir, puisque les ministres sont illibéraux. Ils s'effacent.

A l'extérieur, à l'intérieur, M. Latour du Moulin ouvre le feu contre « la politique des ministres, » et relevant ses contradictions :

« C'est une chose fâcheuse qu'un pays soit forcé de ne plus croire
» aux déclarations officielles : je demande au gouvernement si sa poli-
» tique est celle d'il y a un an, d'hier, d'aujourd'hui, si elle sera celle
» de demain ; je lui demande d'en avoir une qui ne nous fasse pas
» craindre d'ici six mois un nouvel incident du Luxembourg, à propos
» de Landau, de Mayence et de Constantinople.

» A l'intérieur, l'Empereur, comprenant que, si la dictature peut être
» une nécessité à la suite d'une grande commotion politique, le meilleur,
» le seul moyen peut-être d'assurer l'avenir de sa dynastie, était d'entrer
» dans une voie libérale, l'Empereur a fait, le 24 novembre 1860, un pre-
» mier pas vers la liberté...

» L'Empereur a fait un nouveau pas, mais cette fois sans les ministres,
» malgré les ministres, le 19 janvier 1867.

» La première conséquence a été la démission des ministres et cette
» démission était parfaitement logique.

» Mais ils ont ensuite retiré leur démission. Pourquoi ?

» J'y trouve une explication très-simple. Cette justification, elle est
» dans la pensée assez naturelle, au point de vue politique où se trou-
» vèrent placés MM. les ministres, dans la pensée de retenir l'Empereur
» sur la pente glissante de la liberté. »

La même tactique est suivie par M. Ollivier. Il n'est pas permis à un homme public de refuser, fût-ce par désintéressement, la situation où il est utile. Il est douteux qu'en temps ordinaire M. Ollivier eût fait un bon ministre d'affaires : il est certain que ministre au 19 janvier, pour organiser la presse et les réunions, il eût doté la France d'excellentes et libérales lois. Il commençait à comprendre sa faute en voyant avec quelle rapidité et grâce à quelles mesquines intrigues se dissipait son influence. Impuissant à diminuer l'estime de l'Empereur pour l'homme du 19 janvier, le cabinet avait cherché à éveiller ses défiances contre la valeur politique du député : un système d'intolérance organisé à la Chambre pour l'interrompre, le faire parler aux instants défavorables ou même l'empêcher de parler, un système de dénigrement dans toute la presse que le ministère dirigeait, concouraient à ce but. Quelque temps M. Ollivier s'était soutenu. Des lettres, fières jusqu'à la sévérité de sa part à mesure qu'il voyait ses idées plus oubliées, toujours affectueuses de la part de l'Empereur, furent encore échangées. Mais M. Rouher l'emporta et, quand son influence fut décisive, M. Ollivier avait brisé tout rapport. Après avoir rendu hommage aux intentions du Souverain, et déclaré qu'il a été bon de confier l'exécution de mesures libérales aux anciens ministres, il ajoute :

« Mais les ministres qui acceptaient un pareil mandat contractaient
» une obligation impérieuse, celle de réaliser le programme qu'ils
» avaient eu le malheur de combattre, avec plus de netteté, avec plus
» d'énergie, avec plus d'ampleur que n'eussent pu le faire leurs adver-
» saires eux-mêmes. Je n'hésite pas à le dire, cette condition n'a pas été

» remplie, le programme a été mollement, négligemment exécuté dans » toutes ses parties [1]. »

C'est dans ces dispositions que les deux groupes du tiers parti se retrouvent à la fin de 1867, en face des trois grandes lois.

XIX

La loi sur l'armée et la garde nationale mobile fut votée par 200 membres et repoussée par 60, parmi lesquels tout le tiers parti. Tandis que MM. Ollivier et Latour du Moulin ont étalé leurs plaintes, M. Buffet rompt le silence gardé depuis l'amendement des 42, et prononce, pour la première fois, le mot de responsabilité ministérielle :

« La seule garantie sérieuse et efficace que le pays puisse avoir, c'est » qu'il ne sera engagé dans aucune guerre qui serait contraire à sa » volonté, à ses intérêts et à sa manière de les comprendre; cette garan- » tie unique est celle-ci : il faut que le gouvernement soit tenu, par le » fonctionnement des institutions, à conformer sa politique à la volonté » et au sentiment du pays. C'est là qu'est la garantie véritable, et vous » me permettrez de dire qu'au grand avantage de la couronne et du pays, » elle tend, je crois, à s'établir de plus en plus parmi nous.

» Quand j'ai eu l'honneur de demander, parlant au nom d'un certain » nombre de mes honorables collègues, la présence des ministres dans » la Chambre (Ah! ah!... Parlez!), je pensais avec l'honorable ministre » d'État, qui me faisait de cette conséquence une objection que je n'ai » point contredite, que la présence des ministres dans cette Chambre » aurait pour résultat d'établir bientôt en fait la véritable responsabilité » politique. Cette responsabilité ministérielle, si elle n'est pas complète, » est du moins en train de le devenir [2]. »

Enfin s'ouvre la discussion sur les lois dites libérales. Quelle

[1] *Moniteur* du 13 juillet 1867.
[2] *Moniteur* du 28 décembre 1867.

occasion pour le tiers parti, qui dit les avoir inspirées et ne plus les reconnaître, de donner à la France la mesure de son libéralisme! Quels sujets! la presse, le droit de réunion! Les plus grandes questions se présentent. Suffit-il que le journal soit dégagé de l'autorisation du gouvernement pour naître? Si des lois fiscales l'accablent, est-il libre de vivre? Est-il moral qu'il soit aux gages de financiers? Est-il licite que cette fiscalité frappant le journal politique seul, que le bénéfice des annonces judiciaires arbitrairement accordé à certaines feuilles, que la vente sur la voie publique arbitrairement refusée à d'autres, créent entre elles des différences artificielles? Si leur publicité doit être égale, sur quelles matières se doit-elle porter? Peut-on leur interdire aucune des questions que l'esprit se pose, et, comme le veut le projet, soustraire à leur appréciation les séances de la Chambre ou les procès de presse? Y a-t-il des délits spéciaux de la presse? S'il y en a, qui doit les juger, comment les punir? Le gouvernement n'a-t-il pas eu raison de supprimer la prison, qui, en fait, n'atteint pas le journaliste coupable, en droit enchaîne le corps pour arrêter la licence de la pensée? Mais n'a-t-il pas eu tort de frapper le journal? Le supprimer, le suspendre, n'est-ce pas étouffer une voix qui n'est ni bonne ni mauvaise, ou plutôt créer le silence, qui en soi est un mal? Ce qu'il faut, n'est-ce pas que cette voix persiste, mais s'inspire du bien? Le moyen n'est-il pas de suspendre, au lieu du journal, l'écrivain? Grandes questions que l'opposition souleva presque toutes, mais souleva seule avec M. Ollivier.

Celui-ci soutient un contre-projet dont chaque article édicte une liberté absolue. Pas d'autorisation, pas de timbre, pas de cautionnement, pas de délits de presse. Mais le tiers parti s'arrête aux demi-mesures. Il réclame des diminutions pour le timbre, mais respecte le cautionnement de 50,000 francs à Paris, de 30,000 en province. Il ne veut pas que les préfets donnent arbitrairement les annonces judiciaires, mais, au lieu de les mettre en adjudication par soumissions cachetées, ce qui permettrait au public d'avoir les annonces à meilleur marché, ou de faire désigner le journal par les conseils municipaux de l'arrondissement, ce qui serait de bonne décentralisation, il demande, avec M. Maurice Richard, que chacun soit libre de faire ses insertions où il lui plaira, ce qui rendrait les recherches des intéressés fort difficiles, et avec M. Berryer, que le choix du journal soit à la dévotion du tribunal, ce qui n'est pas toujours écarter l'influence du gouvernement. Il n'ose pas retirer au gouvernement la faculté d'interdire la vente des journaux sur la voie publique. Il réclame pour les journaux de faire les comptes rendus qu'il leur plaira des Chambres, à condition qu'ils aient publié le compte rendu officiel; mais il reconnaît aux magistrats la faculté d'interdire le compte rendu des procès de presse. Il demande que la vérité puisse être dite et prouvée contre ceux qui, fonctionnaires ou financiers, détiennent la force ou la richesse publique; mais au silence immoral qu'on réclame au nom de la vie privée, il n'oppose pas la large publicité qui seule garantit l'intégrité des hommes publics. Quant aux pénalités, il reconnaît unanimement les délits de presse. Quelle juridiction sera chargée de les punir? Les uns votent pour le jury, les autres pour les tribunaux ordinaires. M. Buffet s'abstient. Le tiers parti désirerait que le sort formât chaque année les Chambres judiciaires, que les poursuites fussent prescrites par trois mois et non par trois ans : mais il laisse suspendre et supprimer les journaux, il laisse surtout rétablir les peines corporelles, et enfin vote, non améliorée, rendue plus mauvaise, cette loi qui n'est que la mise en articles des terreurs du pouvoir contre la presse.

La loi sur les réunions publiques ne permettait que les réunions étrangères à la religion et à la politique : les réunions politiques n'étaient autorisées que lors des candidatures au Corps législatif et pendant les quinze jours de la période électorale. Le lieu, l'heure, le sujet de toute séance devaient être indiqués à l'avance par sept signataires à l'autorité : et celle-ci avait droit d'assister à la réunion et de la dissoudre, si elle jugeait que l'orateur sortît de la question ou que l'assemblée devînt tumultueuse. Toute infraction à ces dispositions était punie d'une amende de 300 à 10,000 francs, de semaines ou années de prison et de la privation des droits électoraux sans préjudice d'autres peines. Rigueurs extrêmes, précautions craintives, au moins ces articles reconnaissent-ils un droit absolu aux citoyens. Mais un dernier article déclare que les préfets en province, le préfet de police à Paris, pourront suspendre, et le ministre de l'intérieur interdire toute réunion qui leur semblera offrir des dangers. Le droit n'est plus entre les mains des citoyens : il est entre celles du pouvoir. C'est le sceau d'un gouvernement qui, né et vieilli dans la toute-puissance, mais poussé par une nation éveillée et défiante, proclame l'émancipation et la redoute, et excelle à composer des textes tortueux où se glisse l'arbitraire et d'où il peut sortir à son heure. Voilà le mot qu'il faut chercher sous les déclarations libérales : si ce mot existe, c'est toute la loi.

Le tiers parti ne le voulut pas voir. Une innovation salutaire fut réclamée par MM. d'Andelarre, de Tillancourt, Goerg. Ils voulaient étendre aux candidatures du conseil général et d'arrondissement les réunions politiques; mais, cette tentative de décentralisation saine, repoussée sous le prétexte mauvais que des membres d'assemblées locales ne doivent pas être hommes politiques, le tiers parti fut à bout de grandes pensées, il ne songea pas à demander s'il était utile d'interdire les réunions politiques et religieuses : si le gouvernement avait intérêt à connaître d'avance le sujet de la réunion et à n'en tolérer qu'un par séance : il vota quelques diminutions dans le chiffre des pénalités, et, joint à la majorité, ne permit pas qu'on privât les coupables de leurs droits électoraux; quand la gauche protesta contre le droit donné à un commissaire de police de dissoudre l'assemblée, il vota avec la gauche : mais sur l'article capital, faisant dépendre toute réunion de la volonté ministérielle, il s'abstint, et accepta la loi. M. Ollivier vota contre.

« Après avoir réfléchi longuement, je crois que le devoir de ceux qui
» désirent la liberté dans l'ordre, la liberté sans révolution, que le devoir
» de ceux qui ont dans toutes les occasions pris une attitude constitu-
» tionnelle; que leur devoir impérieux est de repousser avec la plus
» grande énergie des lois de cette sorte. Je crois que l'heure des molles
» attentes est passée, et que nous sommes arrivés au moment des réso-
» lutions mâles et des combats virils.

» Il faut que le pays sache que, s'il ne fait pas un vigoureux effort
» sur lui-même, s'il n'affirme pas nettement sa volonté d'entrer dans
» les voies constitutionnelles, s'il ne pousse pas une puissante clameur
» libérale, il ne sortira pas du marasme et de l'inquiétude dans laquelle
» il languit. Nous l'avertissons : à lui d'aviser. S'il trouve que nous
» sommes dans l'erreur et que notre voix est impatiente, que ses desti-
» nées s'accomplissent!

» Nous aurons du moins rempli notre devoir, et nous aurons dans
» l'histoire la gloire d'avoir lutté jusqu'à la dernière heure, et de nous
» être obstinés à espérer même contre toute espérance. »

M. Latour du Moulin persévère dans ses doléances :

« Je crois qu'il y a plus de danger dans les demi-mesures, dans les
» concessions qui semblent arrachées, qu'on paraît vouloir retirer d'une
» main en les accordant de l'autre, que dans celles qui donnent d'effi-
» caces garanties d'indépendance et de liberté. Je trouve dans le projet
» qui nous est soumis un principe excellent, celui qui permet les
» réunions pendant la période électorale; mais à côté je constate des
» restrictions qui sont certainement exagérées... et presque puériles. »

Puis, après s'être complu dans le thème inépuisable des fautes des ministres et de leurs attaques contre les constitutionnels « membres de la majorité », il votait la loi. Avec les diplomates M. Buffet la votait aussi :

« Les libertés nouvelles, même dans les conditions restrictives où on
» les présente, la liberté de la presse et les réunions électorales, seront
» nuisibles ou salutaires, ébranleront le sol ou l'affermiront selon qu'on
» admettra résolûment ou qu'on voudra ensuite contester leurs inévi-
» tables conséquences. »

« Accroître la puissance de l'opinion publique, la force des courants
» qui s'y produisent, c'est évidemment, si l'on veut être logique et sensé,

» c'est proclamer le gouvernement de l'opinion publique. C'est évidem-
» ment proclamer le gouvernement des majorités. »

« Si vous pensez comme moi que le droit et la force permanente d'un
» gouvernement soit dans son union intime avec le pays, union consa-
» crée non pas seulement par l'élection d'une dynastie, mais par une
» constante solidarité de conduite, oh! alors, vous devez voter ce projet,
» vous pouvez même sans danger le rendre plus libéral; car la liberté
» de la presse, la liberté de réunion, par la puissance même qu'elles
» donnent aux manifestations de l'opinion et des volontés du pays,
» rendent cette solidarité plus inévitable, plus complète. »

XX

Ce fut le dernier acte politique du tiers parti. En résumé, après avoir vu son programme devenir la pensée et un de ses chefs le confident de l'Empereur, il est demeuré aussi impuissant que le premier jour: il est moins uni que jamais.

M. Ollivier, las de conseiller sans fruit le pouvoir, recommence à le juger. Rentré dans la sphère des principes, il a retrouvé sur la presse, et surtout le droit de réunion, l'absolutisme de sa logique et de magnifiques accents: ses votes redeviennent hostiles, il retourne à la solitude où il était avant 1865, amoindri comme homme politique, mais intact comme caractère.

M. Latour du Moulin et les constitutionnels, repoussés par le gouvernement, chaque jour s'irritent davantage et le ménagent moins: déjà ils sont à ce point où une déception vive porte à exagérer le mal et décourage de s'y opposer; plusieurs marchent par dépit personnel à une opposition où le libéralisme seul ne les eût jamais poussés.

Seuls les diplomates, avec M. Buffet, ne rompent le silence que pour espérer; ils essayent sans bruit d'améliorer, et repoussés ne s'émeuvent, l'insuccès est pour eux une seconde nature, rien ne peut retarder l'aurore du régime parlementaire: ils semblent toujours à la veille de la saluer.

XXI

Telle est l'histoire du tiers parti : il reste à dégager les causes de son impuissance, afin que la faute d'hier devienne la leçon de demain.

La première faute fut de mêler, sous le titre de tiers parti, deux politiques opposées.

Sans doute cette fraction de la Chambre s'est unie pour demander le droit d'interpellation, d'amendement, et des lois de presse, de réunion : elle veut donc tout entière que l'opinion publique se manifeste. Mais l'opinion ne doit prononcer que si elle doit être maîtresse. Quand un gouvernement se réserve de ne pas obéir à la pensée publique, son premier devoir est de lui interdire la parole ; les empires tombent moins par le mal qu'on en pense que par le mal qu'on en dit. Si donc le tiers parti, respectant le régime actuel, a prétendu seulement lui accommoder ces franchises, il a été uni, mais dans un commun illogisme, et l'histoire seule le tirera de cette majorité où le 19 janvier l'a renvoyé mourir. A elle de dire que les partisans du pouvoir personnel, cherchant des lois propres à ce régime, ont choisi celles qui émancipent la pensée publique ; que donnant au pays le droit de contrôler son mandataire, ils ont respecté en ce mandataire le droit inaliénable de se tromper, que, préparant ainsi le jour où la nation se lasserait de supporter des fautes sans les pouvoir réparer, ils n'ont pas voulu le prévoir, et que si la révolution est l'acte d'un peuple qui juge ses affaires et ne les dirige pas, ils ont tout fait pour la rendre inévitable.

En réalité, le tiers parti veut que cette opinion inspire la conduite du pouvoir : ainsi il se sépare de la majorité, mais il tend à ce but par deux moyens : un groupe par la double responsabilité du Souverain et des ministres, un autre par la responsabilité des ministres et l'irresponsabilité du Prince. Et comme de ces deux formules chacune exclut l'autre, les deux groupes forment deux partis opposés. Illogique, leur union n'avait même pas le prétexte de l'intérêt. La coalition s'explique lorsque, alliant deux adversaires contre un troisième, elle leur donne la majorité, c'est-à-dire la force. Mais quand la coalition ne peut produire qu'une faible minorité, quand il faut s'imposer par la persuasion à un souverain, à deux cents députés, à des millions de citoyens, qu'importe si les réformateurs sont dix ou quarante? Le nécessaire est que leur réforme semble bonne, et elle ne peut paraître telle que si elle est nettement exprimée. Or des opinions divergentes ne peuvent rester un parti qu'à la condition de ne pas formuler de programme. Ces deux groupes ont sacrifié à une vanité de nombre la vérité de leurs doctrines; et pour accommoder l'une à l'autre, ils les ont toutes deux compromises.

XXII

La seconde cause fut un vice spécial à chacun de ces groupes; pour l'un, un vice de doctrine; pour l'autre, un vice de conduite.

Ceux qui, avec MM. Ollivier et Latour du Moulin, rêvent un chef d'État et des ministres à la fois responsables, ont commis l'erreur de doctrine. Pour être responsable de ses actes, que faut-il? Être maître de ses actes. Si donc un souverain est responsable, ce souverain doit gouverner, ses ministres doivent obéir. Or, dès que le rôle des ministres est d'exécuter une volonté étrangère, n'étant maîtres de rien, ils ne sont responsables de rien. Pour qu'ils le deviennent, il leur faut le droit d'avoir une politique et de l'imposer, même au prince. Mais alors le prince perd la puissance et avec elle la responsabilité.

Mais soit, rien n'empêche que le souverain et les ministres soient responsables; et qu'ils le soient l'un devant le peuple, l'autre devant la Chambre. Il suit que prince et ministres ont un égal pouvoir, car, si peu que l'un l'emportât sur l'autre, il serait maître et par suite responsable. Dès lors, que le souverain et les ministres aient une opinion contraire; comme ces deux forces sont égales elles s'annulent; comme de deux droits égaux aucun n'est forcé de céder à l'autre, le résultat de tout désaccord est une éternelle immobilité. Mais un peuple ne sait pas comme des théoriciens s'asservir longtemps à l'absurde par fidélité à un système: l'opinion sera tout entière derrière un de ces pouvoirs légalement égaux: ou, s'alliant aux ministres, elle forcera le prince à céder et le forçant, s'ôtera le droit de lui demander compte; ou, entraînée par cet homme, elle brisera les résistances des ministres et du même coup leur responsabilité. Et l'inconséquence de ces théories a été si contagieuse qu'au moment où ces auteurs prétendaient établir cette double responsabilité, ils l'ont les premiers condamnée. Quelle a été dès l'abord leur politique? S'adresser à l'Empereur; à lui seul ils parlent, lui seul ils veulent convaincre. Quelle a été leur attitude depuis le 19 janvier? Demander la chute des ministres, sous prétexte que les ministres n'exécutaient pas la volonté du Prince. Certes il y avait grande logique dans les hommes qui, sans mandat de l'Empereur, déclaraient en opposition avec l'Empereur des ministres ayant mandat de l'Empereur; grande vraisemblance dans le soupçon qu'un monarque absolu eût donné ce mandat contre sa pensée et pour se faire à soi-même violence; grande consistance dans un parti basé sur cet antagonisme entre le souverain et ses ministres, si par aventure l'Empereur et ses ministres pensaient de même. Mais au fond, qu'est-ce que demander la chute d'un cabinet, parce qu'il ne pense pas comme le souverain, sinon déclarer que les ministres n'ont pas le droit d'avoir une politique, qu'ils usurpent quand ils n'exécutent pas sans réserve la volonté du prince? Où est la double responsabilité?

Que si l'on entre dans le détail du parti, M. Ollivier se détache nettement de ses collègues; son erreur constitutionnelle contraste avec les idées les plus larges sur les droits du citoyen. Pour les autres, elle n'est que le couronnement d'idées étroites sur la presse, les réunions, les élections. Mais la responsabilité collective des ministres et du prince est incapable d'assurer les deux garanties d'un bon gouvernement; sa stabilité, son obéissance à la volonté publique.

Il faut une seule de ces responsabilités. Laquelle?

Le plus simple est de faire le chef du gouvernement électif. A des époques périodiques, son mandat expire, le pays le confirme ou le remplace. Comme ce chef est l'élu de l'opinion publique, il est peu probable qu'il la viole; comme il lui doit rendre compte, il ne peut la violer longtemps : c'est le système républicain.

Mais ce régime offre des dangers. La compétition de la première place peut amener des discordes, un ambitieux escalader le pouvoir et n'en plus redescendre. Craignant cette usurpation, le peuple la prévient; il place une famille sur le trône, non que la première place lui soit due, mais pour qu'elle soit occupée, et il l'y place à toujours afin que les ambitions désespèrent devant l'éternité de cette possession. C'est le système monarchique, né de l'expérience, non de la théorie, et qui sacrifie l'égalité à un homme pour assurer à tous la stabilité. Créé dans ce but, le souverain ne peut être responsable. Pour qu'il le fût sérieusement, il devrait, à des époques fixes, être jugé par le peuple. Or, s'il est jugé, il peut être déclaré déchu, s'il peut être écarté du trône, les compétitions renaissent, la conservation n'est plus garantie, et on a fait un sacrifice inutile à l'égalité. Mais si le souverain est irresponsable, c'est assez pour que l'Etat soit en péril. Fût-il le meilleur des maîtres, il peut changer; fût-il constant, il n'est pas éternel. Que parle-t-on des lois qui retiennent sa puissance? Il est irresponsable, il peut les violer. Que parle-t-on de l'opinion publique? il est irresponsable, il la brave. Malheureuses les nations dont le bonheur dépend du caractère d'un homme. Tout pouvoir est porté à s'étendre; quand il peut ce qu'il veut, et qu'il a quelque temps voulu, il a descendu tous les degrés de cette pente insensible qui mène de la puissance modérée à la puissance absolue. Alors la nation accepte le joug, et il y a un peuple libre de moins; ou elle renverse le despote, et la stabilité est détruite encore.

Le roi ne doit donc être ni responsable, ni tout-puissant. Le moyen a été trouvé : un souverain ne peut transformer ses volontés en actes qu'à l'aide d'intermédiaires, ses ministres, et tout est bien si, de ces volontés, les ministres n'exécutent que celles conformes à l'opinion publique. Pour cela, ils sont mis sous la dépendance des Chambres, qui les surveillent, les interrogent, les commandent, et, suivant qu'ils sont ou non dociles à la nation, les soutiennent ou les changent. Alors pas une loi violée, pas une faute commise qu'ils ne soient punis ou frappés d'impuissance. La crainte salutaire de la chute suffit même à prévenir les attentats. En tous cas, aucun de ces changements n'atteint le prince. C'est le régime parlementaire.

Il n'est pas une garantie contre toute secousse; tant qu'on respectera la liberté humaine, on lui donne le moyen de violer les organisations les meilleures. Que des ministres se rencontrent assez audacieux pour violer la volonté des Chambres; qu'un souverain, se faisant solidaire de l'attentat, veuille leur faire partager son inviolabilité, il partage leur châtiment; c'est 1830. Que par un système appelant trop peu d'électeurs, et par la corruption des suffrages, la Chambre qui soutient un ministre se trouve en désaccord avec l'opinion publique, toute cette fiction légale tombe d'une chute commune : c'est 1848. Mais loin que ces chutes accusent le régime parlementaire, elles proclament sa nécessité, car elles ont eu lieu lorsque la souveraineté des Chambres allait être étouffée, ou lorsque les Chambres ne représentaient pas sincèrement le pays, c'est-à-dire lorsque les conditions du régime parlementaire étaient faussées.

Au reste, quelles garanties donnent au pays les détracteurs de ce régime? Ils en ont inventé trois. La responsabilité du souverain, les décisions politiques des Chambres, le budget.

La responsabilité du souverain? Réelle, elle devrait être repoussée comme enlevant à la monarchie le but de la monarchie, la stabilité du premier pouvoir. Mais les souverains qui se disent responsables le sont par un appel que seuls ils ont le droit de faire au peuple. Quel est ce justiciable, maître de l'heure où il convoquera des juges, maître de n'avoir pas de juges? Quand tentera-t-il les suffrages? Quand il sera certain d'avoir satisfait le peuple, c'est-à-dire quand le contrôle est inutile. Mais, s'il doute de l'épreuve, c'est-à-dire le jour qu'il la faudrait tenter, il n'osera s'y soumettre; et plus il aura violé la volonté publique, moins il voudra l'interroger. Donc la responsabilité du prince n'est pas une garantie.

Le rôle des Chambres? Il est vrai, elles interrogent le gouvernement; elles lui marquent leurs vœux. Mais ces vœux lient-ils le pouvoir? Le jour même où, couronnant l'édifice de la liberté française, on octroyait aux Chambres le droit d'interpeller sur toute question et de donner leur avis, une note insérée au *Moniteur* avec la lettre du 19 janvier, déclarait : « que le » gouvernement, mis à même de connaître le sentiment de la » Chambre, en tiendra le compte qu'exigent l'intérêt public et » sa propre responsabilité. » Qu'est-ce à dire? Qu'il se réserve de juger le jugement du pays et, suivant les cas, de le suivre ou de l'oublier. Donc le vote des Chambres n'est pas une garantie.

Reste le budget. Toute politique, dit-on, se paie; qui est maître de la dépense est maître de la politique : or, les Chambres sont maîtresses de l'impôt. L'argument est bon pour ceux qui estiment que l'impôt s'établit le jour où le vote le fixe; il s'établit le jour où la politique suivie le rend nécessaire. Que le gouvernement prépare une expédition, la rumeur la dénonce, le pays s'y montre hostile. Si la responsabilité ministérielle existe, la Chambre condamne le projet, le ministre l'abandonne, ou, s'il y persiste, est abandonné lui-même. Sans responsabilité ministérielle, le ministre affirme que l'expédition n'aura pas lieu; mais, comme il n'est pas responsable, elle se fera demain, et il restera pour la conduire. Elle commence : bientôt il faut des renforts pour soutenir l'honneur du drapeau. La Chambre n'a pas été maîtresse d'empêcher qu'un déficit se creuse :

est-elle maîtresse de ne le pas combler? Non. Tout l'impôt de la guerre a été voté le jour où est tombé notre premier soldat. Sans guerre même, une politique ambitieuse a excité la défiance de l'Europe; les puissances arment. Sous un gouvernement parlementaire, la Chambre, par la chute d'un cabinet, aurait tout arrêté : aujourd'hui est-elle même libre de refuser l'argent nécessaire à maintenir la force relative de la France? Non. Par patriotisme elle doit payer, quoi qu'il coûte, cette déplorable politique. Ce n'est donc pas le maître de l'impôt qui est maître de la politique, c'est le maître de la politique qui est le maître de l'impôt. Et quand la Chambre serait libre de ces dépenses, est-ce le refus de les voter qui lui permet de conduire les affaires? Comment, parce qu'un ministre des affaires étrangères n'a pas de politique, et qu'un ministre de l'instruction publique a trop d'idées, ou qu'un ministre de l'intérieur n'est pas maître de son ministère, au lieu de les remplacer par de meilleurs, le remède sera de supprimer le budget de l'instruction publique, des relations étrangères, de l'intérieur, c'est-à-dire d'arrêter tous les services? Quelle est cette insultante ironie? Voilà le droit suprême de la France; pour que le gouvernement obéisse, il faut qu'il n'ait plus ni un écu, ni un homme! Pour faire cesser la mauvaise administration du pays, il faut désorganiser le pays! Pour avoir raison du mal, la France est libre de faire une révolution! Ce droit, il n'est pas besoin que le gouvernement le reconnaisse, mais son devoir est de le rendre inutile; et quand, au lieu d'organiser le triomphe de la volonté nationale, il ne lui montre que ce refuge désespéré, il ne conjure pas les tempêtes, il les appelle.

Donc sous la monarchie aucunes garanties n'existent si les ministres ne sont pas soumis aux Chambres. Donc, seuls, les diplomates qui voulaient ce régime avaient une doctrine vraie.

XXIII

Mais eux ont commis l'erreur de conduite.

Cette volonté qu'on leur prête fut-elle jamais exprimée par eux? Ont-ils montré le néant de la responsabilité impériale, réclamé la responsabilité des ministres? Amants barbares de la liberté, ils ne se contentent pas de voiler sa statue, ils la brisent pour en introduire quelques débris défigurés dans l'édifice du pouvoir personnel; croyants honteux de leur propre culte, ils n'ont résolûment aidé que le gouvernement à ne pas l'admettre, et donné le singulier spectacle d'un parti connu par les desseins qu'il nie et que lui prêtent ses adversaires.

Seules, l'hostilité du pouvoir, et cette habitude qu'ont les hommes de juger la valeur d'une doctrine par la valeur de ses partisans, n'ont pas permis d'attribuer à des députés intelligents, versés dans les nécessités politiques, ayant, certains, joué un rôle, des desseins aussi étroits qu'ils les manifestaient : quelques demi-mots ressemblant à un murmure libéral, rapprochés d'opinions qu'ils avaient exprimées à d'autres époques, ont servi à deviner la justesse de leurs vues, mais ont en même temps montré l'incurable faiblesse de leur caractère.

Qu'est-ce que cette protestation de dévouement à l'Empire, qui semble le souci capital des diplomates? A quoi dans l'Empire sont-ils dévoués? S'ils sont attachés uniquement à l'homme, ou plus à l'homme qu'aux institutions, qu'ils ne critiquent pas la volonté du prince, il veut : il suffit : qu'ils soient chambellans, non députés. Sont-ils dévoués aux institutions? Auxquelles encore : à celles du 2 décembre? du 24 novembre? du 19 janvier? Non, puisqu'ils demandent qu'on perfectionne. Ce n'est pas à l'Empire existant qu'ils sont dévoués, ils le sont à celui qu'ils veulent faire, or cet Empire de demain est combattu par celui d'aujourd'hui, ils sont donc hostiles à l'Empire. Est-ce par politique, pour ne pas effrayer le gouvernement, qu'ils n'ont voulu paraître qu'une avant-garde de la majorité? Mais le jour où ils se sont formés, ils en ont été les enfants perdus, le lendemain les déserteurs : pourquoi conserver un masque qui ne cache rien au gouvernement? Enfin sont-ils désireux d'améliorations, mais encore plus effrayés de bouleversements, et de peur que la réforme ne renverse l'Empire, ne la veulent-ils accomplir que par lui? Là est, je crois, leur véritable pensée; ainsi ils croient assurer le présent, et préparer l'avenir, si veut le prince; mais il voudra : ils comptent pour l'y résoudre sur sa sagesse, sur sa fantaisie, sur le temps, sur le hasard, sur tout, excepté sur eux-mêmes. Non, ils ne sont pas politiques, ces temporisateurs de la liberté qui, sous prétexte qu'un gouvernement pourra l'accepter un jour, le soutiennent alors qu'il la dédaigne; et sous couleur de condamner le régime personnel, le consacrent puisque pour le détruire ils attendent son bon plaisir. Et si ce bon plaisir ne vient jamais, si l'Empire et la liberté restent en divorce, que feront ces hommes qui ne veulent pas de l'Empire sans la liberté? Seront-ils du côté de la liberté? Qu'ils ne se contredisent donc pas en se rangeant aujourd'hui contre elle. Prétendront-ils condamner la France à une patience éternelle, sous un vain prétexte de stabilité? La stabilité, c'est pour une nation la certitude de son avenir. Or, est-il sûr de son avenir, le peuple qui ignore, le soir, où il sera entraîné le lendemain, et dont l'histoire est celle des mouvants caprices d'un chef? Seules sont stables les nations qui se gouvernent elles-mêmes et savent d'avance où elles vont. Rendre au pays la possession de soi-même est donc le premier devoir de ceux qui aiment la stabilité; plus ils l'aiment, moins ils doivent différer, et s'ils sont vraiment politiques, ils doivent aimer la stabilité jusqu'à vouloir les transformations nécessaires.

Donc le tiers parti n'est rien ou il veut la liberté de telle sorte que, désireux de l'obtenir avec l'Empire, il est résolu à l'obtenir même sans lui. Or, s'il pense ainsi, pourquoi s'ingénier à être de la majorité? Changer l'Empire en gouvernement parlementaire, c'est retourner contre lui le 2 décembre. Quiconque y travaille est un révolutionnaire, il n'a pas le droit de se plaindre s'il est traité en opposant. Dédaigneux de détours pusillanimes, il devait déclarer sa volonté, promettre au gouvernement son appui si le gouvernement se transformait, mais hâter cette transformation par une opposition sans compromis. Voilà ce qu'il devait penser et dire. Un parti n'est formé que le jour où il voit jusqu'où sa doctrine le peut conduire. Il ne grandit que le jour où il le proclame.

XXIV

Alors il eût été logique. Aurait-il été politique ? Les libéraux doivent-ils confier les intérêts de leur indépendance aux partisans des Bourbons ou de la République ?

Certes on ne peut prétendre que, parmi nos races royales, les Napoléons aient été les plus respectueux pour la volonté de la France : mais ce n'est pas par des souvenirs que se doit décider le politique.

Un État est-il bon ou mauvais, suivant que telle dynastie le gouverne, ou que la République y règne ? Non, mais suivant que, dans cet État, la nation élit sincèrement les hommes de son choix, et que ces hommes ont le pouvoir. Ces deux droits reconnus, peu importe sous quelle race de mandataires vit cette nation : le peuple est libre, la dynastie est bonne. L'un de ces droits méconnus, la volonté publique est faussée ou inefficace, peu importe quel chef les confisque, il faut qu'il les restitue ou qu'il tombe. Donc, pourquoi remplacer un Bonaparte par un Bourbon ? Parce que l'un est Bourbon, l'autre Bonaparte ? C'est faire de la politique personnelle, contre-pied du gouvernement personnel et aussi détestable. Parce que l'un donnera des institutions refusées par l'autre ? Qui le garantit : le caractère du prince ? Mais qu'importe le caractère d'un prince, quand il s'agit de fonder une dynastie; si le successeur de ce Bourbon libéral traite la liberté comme un Bonaparte, comment la France imposera-t-elle sa volonté ? Par la chute du prince? La carrière de nos bouleversements sera donc éternelle ! Par des institutions protectrices de la liberté publique ? Pourquoi ne pas imposer dès aujourd'hui ces institutions au prince qui existe; monarque pour monarque, la personne nouvelle ne vaut pas ce que coûte une révolution.

Reste la République. Il n'est pas douteux que la République soit la forme future des gouvernements en Europe. La royauté porte avec elle sa condamnation, l'aristocratie. Pour que la Chambre haute, nécessaire à ce régime, existe réellement, il faut qu'une hiérarchie graduée, héréditaire, de vasselage ou de clientèle, rattache le pays entier à chacun des patriciens. Or, il se trouverait sans doute nombre d'hommes pour être ces patriciens, il ne s'en trouverait pas un pour les souffrir : loin que l'ardeur de l'égalité qui a fait 1789 se soit épuisée, la France en a d'autant plus soif qu'elle s'en abreuve davantage, et chacune de ses révolutions n'a été qu'une formule élargie de l'égalité. De plus, cette monarchie compliquée, faite de fictions, peut suffire à des hommes cultivés, soucieux de résultats pratiques, et ne voyant dans le pouvoir qu'un moteur : mais, quand les masses arrivent à la vie politique, il ne leur suffit plus de vivre sous un régime, elles ont besoin de s'enthousiasmer pour lui : il leur faut donc un pouvoir simple, patrie ou homme, et c'est pourquoi le dernier mot de toute démocratie est le despotisme ou la République. Mais la République est-elle aujourd'hui possible, désirable ? Elle n'est pas possible, parce que le pays ne la veut pas : la meilleure politique n'est pas celle qui fait triompher une volonté méconnue du pays, mais celle qui démêle le mieux ses tendances, et y obéit. Or, la France aujourd'hui a déjà l'esprit républicain, mais encore l'habitude monarchique. Tant que vivra la génération qui a appris dès l'enfance à trembler au nom de 1793, et qui a cru relire cette date à plusieurs jours de 1848, la République ne sera pas franchement acceptée. Et elle serait possible qu'elle ne serait pas désirable. Grâce à la centralisation qui oppresse aujourd'hui le pays, il suffit à un homme de fermer la Chambre, et de faire agir les télégraphes pour être maître de la France. Certes la volonté des républicains, s'ils arrivaient aux affaires, serait d'opérer la décentralisation nécessaire, de mettre le pays en cet état, où « les institutions démocratiques condamnent le génie à la vertu [1]. » Cela sera s'ils sont les maîtres. Mais peuvent-ils répondre qu'un plus habile n'aurait pas avant confisqué la République? En 1798, prévoyait-on le premier Empire? En 1848, le second? Ce qui s'est fait peut renaître, l'instrument du mal existe, plus puissant encore; l'ambition qui enseigne à en user est éternelle. Qu'on en mesure les suites: la liberté implacablement proscrite, la génération nouvelle abdiquant à son tour sa foi à la puissance démocratique, et cette République, pour avoir été trop tôt voulue, indéfiniment ajournée. Non, ce n'est pas en République que se peut organiser la République : régime portant en soi plus de hasards que nul autre, il lui faut, pour y résister, dès le jour où il s'inaugure, des institutions toutes faites : les nôtres ne sont pas faites; mais l'Empire les peut donner; car l'Empire est à ce point où il peut rendre au pays la possession de soi, sans exposer sa sécurité. Or, le premier souci d'hommes nommés par l'opinion sera de rendre aux communes, aux assemblées départementales, une autonomie qui, sans briser leurs liens strictement nécessaires avec le pouvoir central, leur permettra de n'être plus esclaves du premier hasard survenu à Paris : et seule la monarchie d'aujourd'hui peut préparer sans péril la démocratie de demain.

On objecte que l'Empire se refusera à ces réformes nécessaires; qu'il faut prévoir d'autres destinées et s'y préparer. La chose est-elle si certaine? L'Empire a-t-il jamais été mis en demeure? Certes, nul n'ignore que la Chambre est choisie par sa main, mais légalement il s'appuie sur elle et peut ne pas

[1] M. Gambetta. Article sur le général Grant, dans la *Revue politique*.

accorder des institutions qu'elle n'a pas réclamées. En fait, si elle les réclame, il est permis de croire qu'il en tiendra compte. Dans quelques circonstances secondaires où elle s'est oubliée jusqu'à vouloir contre le Gouvernement, celui-ci n'a-t-il pas reculé? Il reculerait de même si une majorité demandait virilement la liberté. Le principal est donc de réunir cette majorité aux élections de demain. Par quel moyen? En offrant à toutes les opinions indépendantes le moyen de se satisfaire.

La majorité du pays est-elle attachée aux Bourbons, aux Bonaparte ou à la République? Non. Elle veut que son activité ne rencontre pas d'obstacles; mais le régime le meilleur est toujours pour elle celui qui existe, et c'est sous celui-là qu'elle préférerait des réformes. Aussi ni les candidatures officielles du gouvernement, ni celles de l'extrême gauche ne s'accordent avec sa pensée. En 1857, surtout en 1863, tous ceux qui ont voté pour les candidats officiels étaient-ils pleinement satisfaits? Non, mais ils ont craint de servir un bouleversement en votant pour la gauche. Par contre, tous ceux qui ont acclamé les candidats radicaux voulaient-ils renverser l'Empire? Non; mais forcés d'opter entre ceux-là ou des députés du pouvoir, et voyant le pouvoir arbitraire et fort, ils ont osé une protestation énergique. Aujourd'hui que l'Empire a fait un essai libéral, aujourd'hui surtout que la lutte semble plus pressante, si ces deux groupes d'électeurs sont forcés d'opter encore entre des candidats décidés à tout renverser et des candidats décidés à tout soutenir, les premiers continueront à voter contre la révolution; des seconds, plusieurs donneront ce spectacle, commun en politique, d'hommes ayant combattu le pouvoir, et, le jour où il vacille, venant le soutenir; et les mêmes majorités gouvernementales montreront qu'il est dangereux de forcer des hommes à opter entre leurs convictions et leurs prudences. Que des députés se présentent, non de ce tiers parti sans courage, dont l'arbitraire n'a pas plus à craindre que la liberté à espérer, mais résolus à soutenir l'Empire, le jour où il sera, sans retour, transformé en gouvernement parlementaire, ces hommes sont les seuls qui puissent, surtout dans les campagnes, gagner à la cause libérale de nombreux soldats et mettre en face du pouvoir une majorité indépendante.

Mais, si même en ce cas, l'Empire refuse la réforme? C'est précisément pour ce cas que la formation de ce parti est surtout désirable.

Quand un pouvoir n'a pour opposants que des hommes résolus à le renverser, il peut tout refuser sans péril, il a pour lui comme un droit de légitime défense : s'il tombe, sa chute même justifie ses résistances, et, comme la force seule l'a vaincu, lui conserve ses partisans et le fait même populaire. Mais que de justes requêtes lui soient adressées par des hommes prêts à le soutenir, ses refus n'ont plus de prétexte; la nation, rassurée sur la portée des demandes, les examine en elles-mêmes et voit jour dans les secrets motifs du gouvernement. Si tout le pays était divisé en partis politiques, exclusivement dévoués chacun à un régime, chaque faction triomphante serait aussitôt attaquée par la coalition des autres et tomberait pour renverser elle-même celle qui lui aurait succédé. Qui arrête ces luttes stériles? Cette grande majorité de la France, qui, indifférente au nom du gouvernement, mais résolue à obtenir sous tous des institutions, leur donne la stabilité et leur demande l'indépendance.

XXV

Mais aujourd'hui, entre ces hommes et l'opposition radicale, il n'y a qu'une différence d'avenir : elle désespère, ils s'obstinent à espérer. Contre un gouvernement personnel leur résistance doit être la même.

Assez longtemps des voix qu'on croirait exhumées de la cour de Louis XIV, ont vanté le gouvernement d'un seul. Du moins au temps où le monarque était plus sacré que la félicité publique, on l'avait revêtu d'une origine surhumaine, et le dogme qui dérobait pour lui comme un rayon de la Divinité, s'il mettait la raison en révolte, offrait aux hommes le refuge de la foi. Mais aujourd'hui que la légitimité d'un pouvoir est faite par le consentement public, opposer sa volonté à la volonté générale est une prétention dont le bon sens était déshabitué. Parfois, quand un peuple naît et que Dieu veut abréger sa longue enfance, il met à côté de son berceau l'épée d'un conquérant ou le souffle d'un inspiré ; aveugle instrument de ces hommes, ce peuple marche à des victoires dont il ignore le but, vit sous des lois qu'il ne comprend pas, et, recevant la civilisation qu'il n'eût pas soupçonnée lui-même, hâte par son esclavage l'avénement de sa grandeur. Mais une nation virile ne doit plus avoir de maître qu'elle-même. Des hommes providentiels qui, sans discontinuer, ont gouverné la France, de la Renaissance à la Révolution, combien ont été bons? combien mauvais? Un Henri IV, un Sully, un Colbert, un Richelieu, un Turgot, ont-ils prévenu ou réparé les perfidies d'une Médicis, la malhonnêteté d'un Dubois ou d'un Terray, l'ignominie d'une Pompadour ou d'un Louis XV et la nullité des autres? Et quand devrait surgir toute une suite de génies illustres, capables des plus hautes destinées, mais ayant besoin pour s'épanouir d'une domination souveraine, le pays ne devrait pas se désarmer de son contrôle; non, pas de pouvoir personnel : car, où les volontés de ces grands hommes seront d'accord avec la nation, et il ne leur est pas besoin d'absolutisme pour les réaliser, ou le pays ne veut pas de ces desseins, et nul n'a droit de lui imposer par force ni la sagesse, ni le bonheur.

Assez longtemps, surtout quand il s'agit pour le pays de recouvrer son domaine, les mêmes voix osent parler de la commodité du prince; assez longtemps un ministre a pu dire, aux applaudissements d'une Chambre française, que soumettre le souverain à l'autorité des Chambres « c'est l'étaler sur un lit de Procuste et amoindrir sa taille à ses proportions. » Le lit de Procuste est un lit que connaît la France, et il est hardi de le lui rappeler. Ah! s'il est nécessaire que la félicité publique ait une victime et que cette couche soit occupée par le prince ou par le peuple, mille fois plutôt un que tous, le mandataire que les ayant droit, l'homme que la patrie. Mais quoi ! l'indépendance d'un peuple, est-ce l'esclavage du prince? Perdrait-il en grandeur celui qui, de maître d'une masse humaine, devient le premier serviteur de la volonté nationale? Perdrait-il en sécurité celui qui, grâce aux lois, est impuissant à agir contre cette volonté et à en essuyer les disgrâces? Perdrait-elle en durée la race qui peut abdiquer l'intelligence, les vertus, sans que le pays en souffre et veuille rajeunir le sang de ses rois? Non, le plus grand mal que puissent redouter les amis des princes, c'est l'absolutisme. L'absolutisme n'a pas ses rigueurs pour les nations seules, et sa couronne pèse autant au front des rois que ses fers aux mains des peuples. Il faut que seul, sans cesse le monarque organise, répare, prévoie, ordonne tout et pour tous : en vain, les événements se pressent, qu'il y suffise ; en vain leur obscurité défie l'expérience, qu'il décide ; en vain son esprit succombe aux labeurs, qu'il travaille. Qui dira les angoisses de cette solitude, le poids de cet empire tout entier dans une main, la responsabilité de ces destinées sur une tête? Pas une faute qui ne l'accuse, pas un malheur qui ne le condamne ! Bientôt la nation s'en lasse, et l'heure de la chute se lève. Ou, si à force de bonheur, d'intelligence, ce maître a jusqu'au bout contenu ses sujets et suivi d'un pas certain la fortune, la catastrophe n'est que reculée, parce qu'avec sa couronne il lègue à sa race la tâche impossible de fournir autant de grands hommes que de rois. Que les admirateurs de ce régime regardent, qu'ils interrogent la raison, qu'ils considèrent leurs œuvres, qu'ils se rappellent l'histoire : c'est pour eux qu'a été donnée au monde, il y a dix-huit siècles, la plus grande leçon politique qu'il ait reçue.

Quand les Césars apparurent, chargés des dépouilles publiques, Rome était au comble de la grandeur : les hommes les plus illustres conseillaient ses affaires ; dans ses lois, la raison humaine s'était élevé un monument immortel : elle-même, par sept siècles de luttes et de liberté, semblait avoir pour jamais fondé l'empire de ses armes et de ses mœurs politiques. Si elle avait pu ces choses, conduite par la volonté, souvent divisée, toujours inconstante, du peuple, quelles destinées ne promettaient pas à sa gloire toutes ces forces dirigées par une volonté unique ; quels périls pouvait faire courir à son indépendance cette autorité contenue par la sagesse des princes, des lois, de la nation? Rome abdique : son premier maître est son plus grand citoyen; déjà, devant l'éblouissement de sa gloire, la liberté est si oubliée qu'elle devient pour quelques hommes le mot d'une conspiration, et elle n'a plus pour arme quu'n coup de poignard qui la souille et ne la rétablit pas. Du sang de César naît Auguste; moins grand, plus habile, il dirige son pouvoir par toutes les vertus civiles, et il le cache sous des formes républicaines: non roi, mais à la fois consul, tribun, édile, imperator, grand pontife, dictateur à vie, il a tué la liberté, il en respecte encore le cadavre. Dès le troisième maître, la tyrannie monte ouvertement sur le trône : également insoucieux des droits et de la vie des hommes, Tibère est du moins encore un politique; mais avec Caligula, la folie gouverne le monde, avec Claude l'imbécillité, avec Néron la scélératesse du crime, avec Vitellius le vomissement des festins. Il n'y a pas trois quarts de siècle que la liberté a disparu : qu'est devenue la sagesse des princes ? Où sont, dans ces tyrans, les imitateurs de César ou d'Auguste? Où sont, dans ce peuple, façonné au modèle de ses maîtres, les descendants des Romains? Contre ces vices couronnés s'élèvent, comme contre César, des conspirateurs et des poignards ; mais ils sont dirigés maintenant contre le despote, plus que contre le despotisme. Alors surgissent les Antonins : sous leur nom, les plus hauts mérites occupent le trône. Quelle rénovation sept princes, voulant le bien, ayant à leur service un siècle entier et un pouvoir sans limites, vont-ils accomplir dans le monde? Ils ne lui donnent pas une vertu : exemple illustre de l'impuissance des plus grands hommes à remplir par leur personne le vide des institutions. Quand la leçon est complète, ces vertueux qui lassaient Rome disparaissent, et le peuple pétrit de nouveau la fange de ses tyrans. Il faut, pour ne pas aspirer à l'empire, n'avoir ni richesses, ni victoires, ni créatures, ni infamies. A chaque vacance, naissent de nombreux compétiteurs; ils tombent sous le fer les uns des autres; le vainqueur sous la révolte de ses sujets. A ceux-ci un pouvoir qui leur serve le pain et le plaisir : plus de droits, plus de devoirs. La gloire militaire elle-même, dernière compagne des peuples sans liberté, s'évanouit à son tour. Depuis longtemps les légions ne conquièrent plus d'empires, que l'empire de Rome à leurs favoris : les aigles qui, jadis, imposaient le tribut aux barbares, vont maintenant le leur payer. Enfin, la richesse du monde s'épuise par le pillage des soldats et du fisc : la population tarit par les guerres civiles et la corruption; le vide de l'empire y attire les barbares. De la longue suite de maîtres qui préside à cette longue décadence, aucun ne sait la prévenir ou la retarder; ils ont pris Rome maîtresse du monde, ils la laissent esclave; ils l'ont prise héroïque, ils la laissent sans vertus. Cette puissance sans bornes ne sert pas même à les sauver : ils tombent de chutes diverses : les uns par les conspirations de palais, les autres par les caprices des armées, tantôt par les convulsions populaires, ceux-ci par peur, ceux-là par remords, tous sous le fardeau trop lourd des droits du monde à porter.

Imprimerie L. Toinon et Cᵉ, à Saint-Germain.

LE TIERS PARTI

1864-1869

PARIS. — IMP. L. POUPART-DAVYL, RUE DU BAC, 30

MM.

ÉMILE OLLIVIER

BUFFET, LATOUR-DUMOULIN, ETC.

LE

TIERS PARTI

1864-1869

PAR E. LAMY

AVOCAT A LA COUR IMPÉRIALE

SECONDE ÉDITION

PARIS

LIBRAIRIE INTERNATIONALE

15, BOULEVARD MONTMARTRE

A. LACROIX, VERBOECKHOVEN & Ce, ÉDITEURS

A Bruxelles, à Leipzig et à Livourne

1869

www.ingramcontent.com/pod-product-compliance
Ingram Content Group UK Ltd.
Pitfield, Milton Keynes, MK11 3LW, UK
UKHW031926260826
14628UKWH00003B/1441

9 782011 790767